U0508474

杭州优秀传统文化丛书

Hangzhou Youxiu Chuantong Wenhua Congshu

浙水敷文

郑绩 著

杭州出版社

图书在版编目（CIP）数据

浙水敷文 / 郑绩著 . -- 杭州 : 杭州出版社 ,
2022.8
（杭州优秀传统文化丛书）
ISBN 978-7-5565-1878-4

Ⅰ . ①浙… Ⅱ . ①郑… Ⅲ . ①地方文化－杭州 Ⅳ .
① G127.551

中国版本图书馆 CIP 数据核字（2022）第 160471 号

Zhe Shui Fu Wen

浙水敷文

郑 绩 著

责任编辑 王 凯
装帧设计 祁睿一
美术编辑 章雨洁
责任校对 陈铭杰
责任印务 姚 霖
出版发行 杭州出版社（杭州市西湖文化广场32号6楼）
电话：0571-87997719 邮编：310014
网址：www.hzcbs.com
排　　版 浙江时代出版服务有限公司
印　　刷 天津画中画印刷有限公司
经　　销 新华书店
开　　本 710 mm × 1000 mm 1/16
印　　张 13.25
字　　数 163千
版 印 次 2022年8月第1版 2022年8月第1次印刷
书　　号 ISBN 978-7-5565-1878-4
定　　价 58.00元

序　言

文化是城市最高和最终的价值

我们所居住的城市，不仅是人类文明的成果，也是人们日常生活的家园。各个时期的文化遗产像一部部史书，记录着城市的沧桑岁月。唯有保留下这些具有特殊意义的文化遗产，才能使我们今后的文化创造具有不间断的基础支撑，也才能使我们今天和未来的生活更美好。

对于中华文明的认知，我们还处在一个不断提升认识的过程中。

过去，人们把中华文化理解成“黄河文化”“黄土地文化”。随着考古新发现和学界对中华文明起源研究的深入，人们发现，除了黄河文化之外，长江文化也是中华文化的重要源头。杭州是中国七大古都之一，也是七大古都中最南方的历史文化名城。杭州历时四年，出版一套“杭州优秀传统文化丛书”，挖掘和传播位于长江流域、中国最南方的古都文化经典，这是弘扬中华优秀传统文化的善举。通过图书这一载体，人们能够静静地品味古代流传下来的丰富文化，完善自己对山水、遗迹、书画、辞章、工艺、风俗、名人等文化类型的认知。读过相关的书后，再走进博物馆或观赏文化景观，看到的历史遗存，将是另一番面貌。

过去一直有人在质疑，中国只有三千年文明，何谈五千年文明史？事实上，我们的考古学家和历史学者一直在努力，不断发掘的有如满天星斗般的考古成果，实证了五千年文明。从东北的辽河流域到黄河、长江流域，特别是杭州良渚古城遗址以距今5300—4300年的历史，以夯土高台、合围城墙以及规模宏大的水利工程等史前遗迹的发现，系统实证了古国的概念和文明的诞生，使世人确信：这里是古代国家的起源，是重要的文明发祥地。我以前从来不发微博，发的第一篇微博，就是关于良渚古城遗址的内容，喜获很高的关注度。

我一直关注各地对文化遗产的保护情况。第一次去良渚遗址时，当时正在开展考古遗址保护规划的制订，遇到的最大难题是遗址区域内有很多乡镇企业和临时建筑，环境保护问题十分突出。后来再去良渚遗址，让我感到一次次震撼：那些“压”在遗址上面的单位和建筑物相继被迁移和清理，良渚遗址成为一座国家级考古遗址公园，成为让参观者流连忘返的地方，把深埋在地下的考古遗址用生动形象的“语言”展示出来，成为让普通观众能够看懂、让青少年学生也能喜欢上的中华文明圣地。当年杭州提出西湖申报世界文化遗产时，我认为这是一项需要付出极大努力才能完成的任务。西湖位于蓬勃发展的大城市核心区域，西湖的特色是“三面云山一面城”，三面云山内不能出现任何侵害西湖文化景观的新建筑，做得到吗？十年申遗路，杭州市付出了极大的努力，今天无论是漫步苏堤、白堤，还是荡舟西湖里，都看不到任何一座不和谐的建筑，杭州做到了，西湖成功了。伴随着西湖申报世界文化遗产，杭州城市发展也坚定不移地从“西湖时代”迈向了“钱塘江时代”，气势磅礴地建起了杭州新城。

从文化景观到历史街区，从文物古迹到地方民居，众多文化遗产都是形成一座城市记忆的历史物证，也是一座城市文化价值的体现。杭州为了把地方传统文化这个大概念，变成一个社会民众易于掌握的清晰认识，将这套丛书概括为城史文化、山水文化、遗迹文化、辞章文化、艺术文化、工艺文化、风俗文化、起居文化、名人文化和思想文化十个系列。尽管这种概括还有可以探讨的地方，但也可以看作是一种务实之举，使市民百姓对地域文化的理解，有一个清晰完整、好读好记的载体。

传统文化和文化传统不是一个概念。传统文化背后蕴含的那些精神价值，才是文化传统。文化传统需要经过学者的研究提炼，将具有传承意义的传统文化提炼成文化传统。杭州与丛书作者在创作方面作了种种古为今用、古今观照的探讨交流，还专门增加了“思想文化系列”，从杭州古代的商业理念、中医思想、教育观念、科技精神等方面，集中挖掘提炼产生于杭州古城历史中灵魂性的文化精粹。这样的安排，是对传统文化内容把握和传播方式的理性思考。

继承传统文化，有一个继承什么和怎样继承的问题。传统文化是百年乃至千年以前的历史遗存，这些遗存的价值，有的已经被现代社会抛弃，也有的需要在新的历史条件下适当转化，唯有把传统文化中这些永恒的基本价值继承下来，才能构成当代社会的文化基石和精神营养。这套丛书定位在“优秀传统文化”上，显然是注意到了这个问题的重要性。在尊重作者写作风格、梳理和讲好“杭州故事”的同时，通过系列专家组、文艺评论组、综合评审组和编辑部、编委会多层面研读，和作者虚心交流，努力去粗取精，古为今用，这种对文化建设工作的敬畏和温情，值得推崇。

人民群众才是传统文化的真正主人。百年以来，中华传统文化受到过几次大的冲击。弘扬优秀传统文化，需要文化人士投身其中，但唯有让大众乐于接受传统文化，文化人士的所有努力才有最终价值。有人说我爱讲“段子”，其实我是在讲故事，希望用生动的语言争取听众。今天我们更重要的使命，是把历史文化前世今生的故事讲给大家听，告诉人们古代文化与现实生活的关系。这套丛书为了达到“轻阅读、易传播”的效果，一改以文史专家为主作为写作团队的习惯做法，邀请省内外作家担任主创团队，组织文史专家、文艺评论家协助把关建言，用历史故事带出传统文化，以细腻的对话和情节蕴含文化传统，辅以音视频等其他传播方式，不失为让传统文化走进千家万户的有益尝试。

中华文化是建立于不同区域文化特质基础之上的。作为中国的文化古都，杭州文化传统中有很多中华文化的典型特征，例如，中国人的自然观主张“天人合一”，相信“人与天地万物为一体”。在古代杭州老百姓的认知里，由于生活在自然天成的山水美景中，由于风调雨顺带来了富庶江南，勤于劳作又使杭州人得以“有闲”，人们较早对自然生态有了独特的敬畏和珍爱的态度。他们爱惜自然之力，善于农作物轮作，注意让生产资料休养生息；珍惜生态之力，精于探索自然天成的生活方式，在烹饪、茶饮、中医、养生等方面做到了天人相通；怜惜劳作之力，长于边劳动，边休闲娱乐和进行民俗、艺术创作，做到生产和生活的和谐统一。如果说“天人合一”是古代思想家们的哲学信仰，那么“亲近山水，讲求品赏”，应该是古代杭州人的生动实践，并成为影响后世的生活理念。

再如，中华文化的另一个特点是不远征、不排外，这体现了它的包容性。儒学对佛学的包容态度也说明了这一点，对来自远方的思想能够宽容接纳。在我们国家的东西南北甚至是偏远地区，老百姓的好客和包容也司空见惯，对异风异俗有一种欣赏的态度。杭州自古以来气候温润、山水秀美的自然条件，以及交通便利、商贾云集的经济优势，使其成为一个人口流动频繁的城市。历史上经历的“永嘉之乱，衣冠南渡”，“安史之乱，流民南移”，特别是“靖康之变，宋廷南迁”，这三次北方人口大迁移，使杭州人对外来文化的包容度较高。自古以来，吴越文化、南宋文化和北方移民文化的浸润，特别是唐宋以后各地商人、各大商帮在杭州的聚集和活动，给杭州商业文化的发展提供了丰富营养，使杭州人既留恋杭州的好山好水，又能用一种相对超脱的眼光，关注和包容家乡之外的社会万象。这种古都文化，也代表了中华文化的包容性特征。

城市文化保护与城市对外开放并不矛盾，反而相辅相成。古今中外的城市，凡是能够吸引人们关注的，都得益于与其他文化的碰撞和交流。现代城市要在对外交往的发展中，进行长期和持久的文化再造，并在再造中创造新的文化。杭州这套丛书，在尽数杭州各色传统文化经典时，有心安排了“古代杭州与国内城市的交往”“古代杭州和国外城市的交往”两个选题，一个自古开放的城市形象，就在其中。

“杭州优秀传统文化丛书”团队在传统和现代的结合上，想了很多办法，做了很多努力。传统文化丛书要得到广大读者接受，不是件简单的事。我们已经走在现代化的路上，传统和现代的融合，不容易做好，需要扎扎实实地做，也需要非凡的创造力。因为，文化是城市功能的最高价值，也是城市功能的最终价值。从“功能城市”走向“文化城市”，就是这种质的飞跃的核心理念与终极目标。

单霁翔

2020 年 9 月

（单霁翔，中国文物学会会长）

浙江名胜图（局部）

目　录

第三章

诸教共存

第四章

此城

第五章

人间梦都

第六章

交通活城

引 言

1921年，芥川龙之介受大阪每日新闻社的委托，以记者的身份来中国旅行，回去后写下了多部散文游记。其中《江南游记》有专门的大篇幅留给杭州。

写到俞曲园别墅的时候，这位年轻的作家写道：“如此说来也多少沾些俗气。也许俞曲园正因为有些俗气，才有给他建造如此别墅的十分出色的弟子们。”

芥川所谓的“俗气”未必是坏话。作家敏感地捕捉到了俞园所在城市的特点，杭州从来都是一座烟火曼妙的城，她是入世的，积极的，讲究实效的。正所谓“水至清则无鱼”，这点儿俗气是人气，是勇气，是活气。

很少有一个城市能如杭州一般，在几千年的历史中一直昂然向上。从一个“山中小县”开始，这座城市以惊人的速度发展着。无论是吴越归宋还是南宋覆亡，都未能打断杭州发展的脚步，这座东南边缘小城最终成为远近闻名的繁华大城，其盛大灿烂延续至今。

除了地理位置、气候环境、历史机遇等外在条件，城市文化的内部驱动，无疑是杭州能够越走越辉煌的内在原因。作为著名的老牌旅游城市，杭州看似仙气飘飘，山、湖、江、井无处不沾着文化的边，几乎每块石上都有题咏，每走几步就有一个典故，历代文人墨客的足迹叠印成诗成画，但她却不是一味超凡脱俗，而是“多少沾些俗气”。在日日的烟火人生中，杭州总在努力让自己变得更好。

杭州从不空谈，文化科技人才辈出。整个城市人文精神中浸润着传统儒家“义理”与“事功”相融合的义利统一、诚信立身的价值追求。一代又一代的弄潮儿踏踏实实，建设城市，改善民生。

千年繁华，绝非侥幸。

第一章

戒欺厚义

引子：以全副身家守诺偿债的巨富

1883年可谓是中国近代金融史上的大灾年，那一年，全国各种钱庄纷纷倒闭。在杭州的胡雪岩亦不能例外，巨涛席卷，一朝崩塌。巨富已逝，他的影响力却延绵至今。

那年夏天，因生丝市场反转、股价起落、白银外流等原因，已经使得不少钱庄破产歇业，暴风雨即将来袭。嗅觉灵敏的报纸闻到了全面崩盘的血腥味，《申报》等各家大报小报都派出记者蹲守在重要人物的身边，怎么赶也赶不走。富可敌国的胡雪岩是生丝贸易战的主角，也是号称“库可敌国”的阜康钱庄的老板，正是记者们追逐的对象，一举一动都备受关注。他的靠山，朝廷大员左宗棠身边更少不了各路眼线。

9月22日，夏暑已消，秋凉未起，正是一年好时节。左宗棠的官船之旁候着不少记者，江风已有凉意，他们戴上了鸭舌帽，衬衫外穿上了华达呢马甲，日夜蹲守。此外，还有不少闲杂人等在岸上闲逛，眼光却不离官船，更不知是来自何方势力。

早上9点，这些人忽然激动了起来。原来岸边来了两个人，一个身着深色长衫马褂，个子不高，一团和气，正是胡雪岩。另一个身高腿长，晃着膀子几步上前，乃是左宗棠的手下蒋益澧。两人相携而来，蒋益澧目不斜视，直奔官船，胡雪岩却是满脸堆笑，对各位记者拱手不已，连道辛苦。记者们欲围上前去提问，被官船出来迎接之人一一挡开。

胡雪岩和蒋益澧按规矩停在岸边，递进名帖，请求接见。门子毫不为难，当即报进，没多久两个就进入了官船，与左宗棠谈了好久。记者与眼线们在外面眼巴巴地瞧着，无法靠近，不知道他们谈了些什么，很是心痒。

相谈良久，两人告辞离去，尾随而来的记者见他们进了粮台局。一个小时后，左宗棠又离开了官船，摆开仪仗直奔粮台局，进去又谈了很久。

这是一个大新闻，然而旁人实在无法知道他们之间到底谈了些什么，记者是不敢惹左宗棠的，而带兵打仗的蒋益澧，对记者也不假辞色。只有胡雪岩一向客气，然而他只是一味微笑，对关键信息却一字不谈。《申报》只能简单地做一个行程报道。区区几行，意味深长。

这是胡雪岩与左宗棠之间的最后一次会面。之后，胡雪岩就直奔宁波，住在那里筹集款项，预备“过冬”。

然而凛冬已至，剧雪倾覆，无可挽救。10月底，上海78家钱庄倒闭了68家，只余10家苦苦支撑，银根之紧，咬牙亦难过。就在满世界都没有钱的时候，胡雪岩的上海票号汇兑了一笔海关款项到北京。这本是一笔海关银号的正常汇兑，但是在这个银根紧张的关头，却被各报隆重报道。款子一发走，正因股市狂跌、各钱庄倒闭而恐慌不已的人们知道胡氏钱庄还有钱，立刻就涌进了胡氏钱庄提款，消息立即传开，全国胡氏钱庄均遭遇到了挤兑风潮。

原本资金尚算充裕的“阜康系”帝国当即遭到摧毁，胡雪岩筹款再多，也填不平挤兑风潮的无底洞。北京阜康钱庄先报危急，主事人向官府投案，承认破产。接着，全国阜康钱庄纷纷破产。一夜之间，胡雪岩的商业帝国便崩塌了。此时，离胡雪岩信心满满会见左宗棠才过去一个多月。

胡雪岩开始奔波筹款，四处拆借，希望得到清政府的支持，可以延期支付一些政府款项。然而外资银行不借钱、山西票号不借钱、大清朝廷不借钱，面对全国主要城市几乎同时爆发的挤兑危机，胡雪岩就算有三头六臂也无从下手。

胡雪岩哪怕穷途末路，亦未忘记“诚信”两字。钱庄关门、生意歇业，胡雪岩为了抵偿债款，特别是支付政府的钱款，他将自己所有的个人资产都投了进去。

1883 年 12 月底，杭州的冬天湿冷阴寒。胡雪岩端坐在杭州元宝街的芝园百狮堂内，仍然面带微笑，似乎并没有发生什么了不得的大事。

芝园的大门朴实无华，门内却极尽奢华。四进厅堂层层递进，各式院落相依相环，回廊贯穿其间，小桥水亭假山一应俱全。往常这个时候，芝园内热闹非凡，十数个妻妾莺莺燕燕，仆人如云，管事往来不绝。然而今天，偌大的宅门内冷冷清清，气氛冰冷，一如外面的寒天冻地。

胡雪岩故居

胡雪岩和元配夫人坐在堂上，胡雪岩吩咐大管事，将家中所有的管事都从外面召回来，无论手头有什么事要都放下回来听候差遣。更何况，此时也已经没什么事可以做了。

杭州城不大，没多久，各管事掌柜都陆续到来，满屋子黑衣马褂，垂手而立，静悄悄地毫无声息。眼看人到齐了，胡雪岩宣布，所有生意全部停歇，人员即时解散。大管事将一沓沓厚薄不同的鹰洋发放到众人手上，有不少管事拿了遣散费后就想回铺子里完成扫尾工作。胡雪岩却说，请大家拿上钱立刻回家，再也不要去铺子了，自然有人去收拾。

有人随身带着钥匙账本，当即上交。有人没有带，那便罢了。还有人把随身物品都放在铺子里了，只光身过来，也不准回去拿。一时间有人欢喜有人忧，有人疑惑有人轻松，领了钱，辞了东家，都出芝园。

出了大门，大家相视苦笑。当年胡氏产业如烈火烹油，谁知大厦一朝倾倒，不可收拾。

芝园内，胡雪岩看外事已了，当下朝主理家政的老管事点点头。老妈子当即吩咐下去，请各位姨太太。胡雪岩前前后后有过十二位姨太太，此时还余九位在园内。这九位中有好几个是能出头露面做生意的，都被派出去掌管一方，极是厉害。

此时听老爷召唤，姨太太们陆续到来。那几位掌管生意的自是精明人物，早知必有今日，都打扮齐整，准备齐全，就等胡雪岩给个说法。也有二三个不晓事的，穿着家常的半旧衣裳就过来了。还有那既没本事做生意，也早就没宠的四姨太，听说老爷要见自己，赶紧穿金戴翠，

胡雪岩故居

满手戒指镯子，浑身珠宝琳琅，刻丝袄子、貂皮背心都穿上身，隆重打扮，想讨个彩。

到了堂上，一群姨太太神色各异。聪明的早料到何事，面色沉着；不晓事的一脸茫然，只奇怪今天如何这般冷清；想讨好的满脸警惕，战战兢兢。胡雪岩环视一圈，一声长叹，缓声道："胡家已然败了，外头生意都停了，欠下几百万两白银，眼看连命都要保住不了。现在我也顾不上你们，只得请你们下堂，今天这就去罢。"

几个掌事姨娘对视一眼，就要上前说话。胡雪岩将手一举，继续说道："我知道你们想说什么，银子已经准备好了。"这时管家已将一包包银子捧了上来，大小轻重各有不同，上面各有标记。胡雪岩又道："几个在外头掌管铺子的姨娘本有一份，按外头的一样，另有一份是给姨太太下堂家用的。另外在家的，便只拿家中份例。拿了银子，这便出府去罢，不必再回房间了。"

几个能干的知道大势已去，在外面早有布置，当下拿了银子，客客气气告辞，下堂而去，房中粗笨物什，本就是不要的了。四姨太暗中连道侥幸，幸好把最好的衣裳首饰都穿戴在身上了，就一只翡翠镯子便可吃用十年，再加大包银子，想来后半生可得过活，房中也无甚值钱东西了，不回也罢，道声老爷太太保重，洒泪而别。最可怜是那几个恃宠娇养惯了的，其中一个头都未梳就过来了，连根簪子都没带出来，全身上下没一件值钱东西，哭哭啼啼还记挂着房中的狮子猫。胡雪岩狠下心来，一视同仁，都不许回房，拿了银子全都送出门去。只有刚进门不久的九姨太手头一无所有，且尚在情热，不肯离去，只说老爷太太要人服侍，以后身边人都遣散了，她还可料理家务。胡雪岩一想也是，大太太本是糟糠之妻，虽说夫妻一体，该当同生共死，然而却没有处理事情的能力，留下最小的姨太太确能派些用场，于是就答应了。

继而又发落了府中大大小小的仆妇、长随，手头最后一点现洋全都用来支付薪水，发遣散费了，总算是体体面面收梢。只是从鲜花着锦、烈火烹油，到现在散尽家资，只余一妻一妾，令人唏嘘。

胡雪岩不愧是“戒欺”牌匾的主人，做生意无论是盛是衰，“诚信”两个字都牢牢遵从。他将所有钱庄未付款项归拢统计，又将角角落落所有资产都收在一起，全部用于偿付欠款。这才出现了芝园告别的一幕。

为了偿还所有外债，尤其是政府的款项，胡雪岩卖尽各处资产，连胡庆余堂和芝园也一并转让给了钱庄大票据的持有者文氏。

一夜之间，极致繁华散作平常人家，胡家再也不复妾侍、仆从如云的日子。当天，胡雪岩就带着妻子、九姨太及家人搬出了芝园。

之后的两年，胡雪岩是在忧贫失落中熬过去的。这两年中，他所做的事便是不断将一生所购置的产业甚至首饰、家俱出售以换取现银，用来偿还债务。有人说他以一人敌一国，以一己之力，一家之财，抵挡住了近代中国所遭遇的第一次经济危机。这种说法或许略有夸张，但胡雪岩从未想过欠债不还，而是竭尽全力偿还债务，这确是不争的现实。

1885 年底，杭州的冬天湿冷阴沉，在郊外一所租来的破屋内，胡雪岩油尽灯枯。胡家最鼎盛的时候，所拥有的资产折合现在的人民币有上百亿。然而此时，环堵萧然，一大家子只有几件祖传的首饰，凭借文氏所给的分红赖以过活。胡雪岩勉强撑起身子，审看起了账目，发现胡家终于还完了所有欠款。无债一身轻，胡雪岩松了一口气，溘然而逝。

没过几个月，清政府下令彻底清算与胡氏钱庄之间的债务。胡家呈上所有票据、账目，简洁地说明道：胡家通过变卖几十处产业，已经将该付政府的一百多万两银子全部还清。事后经过仔细清点，不但没有少，还多还了一些。当时清廷中知晓此事底细者，无不赞叹商人亦能知义守诺。

1968 年，有人检举说胡家当年私藏了 8 吨黄金，这么多年，一直装穷逃避清偿。为此，胡家当时所住的屋子被掘地三尺，破墙敲壁。当然，什么都没有挖出来。

胡雪岩一生有债必偿，不肯辜负他人的信任，把金字招牌看得比什么都重！这些人不明白，“戒欺”二字，不是给外人看的，是给自己的内心看的，这块胡雪岩亲手书写的牌匾不仅悬于胡庆余堂的药店，更挂在胡雪岩的心头。杭州是个藏富于民的城市，商业代代传承，城市世世繁华，靠的正是“诚信厚义”！

五年前的旧契约与五百年的共繁华

时代变迁，杭州的老字号药店胡庆余堂至今仍是门庭若市。药店的第一任东家胡雪岩被金融风暴击倒，只能将药店与住宅都抵给了大债主文氏。文家接手了药店之后，一切照旧。虽然已换了东家，但一切生产、经营乃至理念都毫无变化。胡庆余堂仍是胡庆余堂，“真不二价”的牌匾对外，“戒欺”的牌匾对内，既向世人宣告自己的品质，也向自己人警示诚信乃行商立业之本。

杭州人做生意与别处人不同，不讲你死我活，不讲互相倾轧，只讲共进退同发展，对外讲究的是戒欺守诺，对内讲究的是厚义载福。胡雪岩虽然落魄，他所创建的

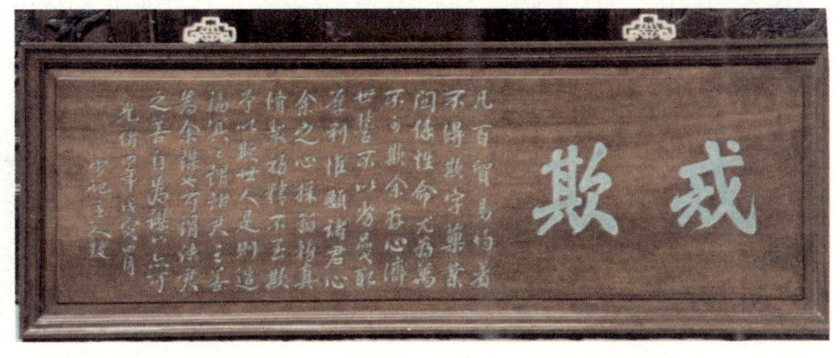

“戒欺”匾额

胡庆余堂却并没有被落井下石。新东家文氏萧规曹随，保住了这块金字招牌，同行们尽力扶持，从不拆台，杭州人民仍旧信任胡庆余堂，依然来照顾生意。因此，即使胡家倒了，胡庆余堂却没有倒，依然是杭州响当当的字号。

当年杭州不过是一个小城市，在药业领域却能成就一个“江南药王”，与北京同仁堂药店分庭抗礼，撑起行业的半壁江山，这不是单单一个胡庆余堂所能做到的。虽然胡庆余堂的东家胡雪岩财大气粗，又是官商，可以把药店做得声势浩大，然而源远流长的杭州中医药产业，才是支撑胡庆余堂能够与天子脚下同仁堂抗衡的底气。

胡庆余堂

有心人可以去清河坊街一转。短短一条清河坊街，浓缩了几个朝代的商业繁荣，这条街上，走几步便会遇到一个老字号中医药堂，药堂里甚至还会有一个动物园。

在胡庆余堂还没有开办的时候，名医叶谱山便开办了“种德堂国药号”。中国文人科举之余，讲究卜医星相无一不精，不少名医都是正儿八经的两榜进士。叶谱山也是这样的一个读书人，他从京官致仕后定居杭州，被杭城的商业氛围感染，才开办了药号。

叶谱山过世后，家业传给叶筱兰。杭州与北地不同，北地讲究入仕当官，以为唯一正途。杭州却讲事功，叶筱兰并不追求官职，只是一心发展祖业。

杭州城很小，有什么事都会引得奔走相告。这一天，“杭儿风”又刮了起来，是叶种德堂在门口贴出一张告示，上面写着明天要杀鹿。梅花鹿一向难得，被朝廷视为祥瑞，即便在北方也是稀罕之物，杭州人更是见所未见。叶种德堂早在前段时间就从关东买回来好多只鹿，有雄也有雌，搞了一个鹿苑。这个小小动物园虽然只有一种动物，但也够让人稀罕的，尤其是孩子，天天围在栏后面看不够。

明天居然要杀鹿！杭人奔走相告，小儿们听说后哇哇大哭，生怕自己喜爱的小鹿被杀了。种德堂的伙计赶紧安慰，只杀一只雄鹿，雌的留着产小鹿，小的留着割取鹿茸。

第二天一大早，药店外被人围得水泄不通，后面的人看不着，好不着急。忽然锣鼓声大作，种德堂的伙计们一边敲锣打鼓，一边请街坊们让出一条路来，只见一只体形硕大的公梅花鹿四蹄被攒绑在一根木棍上被抬了出来，身上还披着红，扎着花，装饰得甚是喜庆。伙计围着公鹿，鸣锣开道，围着最热爱的大马路走了好大一圈，身边围着一大群人跟着看。

一圈走下来，梅花鹿被抬回店内，大厅内挤满了看客，人们只恨看不着。叶种德堂的制药师傅早有准备，他们先向围观者讲解鹿身上各部位的药用价值，以及全鹿丸等药的效用。大家听得津津有味，连连点头。师傅对杀鹿的方式讲得尤其仔细，说不可用刀，不可放血，只能以绳勒死，这样血液才能贯通鹿身，配出来的药才能有完美的功效。讲完鹿血的珍贵不可浪费之后，几个师傅取出绳索，合力将鹿缢死，在一片惊叹声中，剥皮、取材、配药。围观者议论纷纷。

这件事足足当了杭州人半个月的谈资，从此叶种德堂声名大噪，货真价实之名四处远扬。虽然真正杀鹿的时候不多，但是来看鹿的人络绎不绝，后堂养的二百多只鹿成了许多杭州人小时候的美好回忆。去种德堂看鹿，是杭城小伙伴们独有的享受。

也正是受叶种德堂的启发，后来居上的胡庆余堂深深意识到在医药行业，口碑才是最重要的。货真价实，真实有效，才是药堂生存的基础。之后胡庆余堂将这种“眼见为实”的诚信经营理念发展到了极致，带动了整个行业的欣欣向荣。

杭州城的每家药店各有擅长，胡庆余堂的金创药乃是一绝，方回春堂的小儿丸散独步天下，张同泰所产的药酒无人可仿，叶种德堂的自养活鹿货真价实，万承志堂规模最大、品类齐全……

其他的行业也是如此。杭州的老字号分布密集，彼此之间虽有竞争关系，但更多的是互相促进，和气发财。

杭州与其他地方不同，各商行间互相联姻，既注重保守商业秘密，又讲究互相借鉴，各凭本事吃饭，不搞恶性竞争。别处商场如战场，杭州却是你好、我好、大家好。

话说明景泰五年（1454）的冬天乃是一个罕见的寒冬，天寒地冻，杭州大雪纷飞，十余日不止，积雪有半人多深，“鸟兽俱冻死”。这样的天气，各家铺子都不好做生意，只得自扫门前雪或关门歇业。百业萧条，但皮市巷的生意却格外火爆。这一条巷，夏卖丝绸，冬售皮毛，天气愈冷，生意愈好，别说口外的皮毛，便是棉被都比往年多卖了几条。

大雪已下了五日，尚未有停止的迹象，皮市巷内的皮毛铺子里不但市民往来，更是挤满了各地来进货的商家，一时间批发、零售都忙得不亦乐乎。巷头王记一直是这一条街上的翘楚，铺子位置好，本钱丰厚，更兼与马市街的贩马大户张家是亲家，往来关外有人、有路，进货渠道畅通。这一年刚一入秋，气候就已显异常，王记已经料到会是一个冷冬，早早备了满满几栈的货，就等着大赚一笔。果然，一入冬就西北风强劲，现在更是大雪盖城，没有停下来的迹象。

这天，王记的掌柜在前面带着伙计接待散客，东家亲自在后面与批发商谈生意，门口停满了马车。漫天风雪中，走来一个步履艰难的身影，身着黑袄，一路抬头辨认招牌。好不容易找到了一个金亮的“王”字，赶紧闪进门来。打杂的伙计拿着毛巾，在门口替客人拍打身上的雪花。那人连连拱手：“我自己来，我自己来！”却是一个十几岁的少年，瘦小羸弱，穿着不合身的大棉袄，冻得嘴唇发紫。

来的都是客，伙计赶忙上前招呼，递上热茶，那少年畏畏缩缩，犹豫半天，说要见东家，连掌柜都不算数。掌柜看情况有异，赶紧知会东家。东家出来一看，却是面生。少年再三确认，这才从怀里拿出一个帕子，打开再打开，里面是一张契纸。东家拿过来一看，却是五年前签的一份提货单，说好以多少价格收购多少货品，先取货再付款，来年三月再行结算。这本是皮毛业的行规，还在夏天，大家就约定价格，将货品提前卖出去了，都是先拿货再结算。这样卖家知道要进多少货，这时到北边儿拿皮子不容易，事先订货就能心里有数，既不会不够卖，也不至于平白压货，否则杭州的夏天湿热，虫蛀可不得了，更何况，仓库到了春天还要腾出来堆放生丝。至于买家，提前订货，一方面可以早作打算，另一方面可以延期付款，事先不用压入大笔资金，货物卖了现银再行结算。

这本是两利的好事，然而今年不同，皮毛行市大涨，来拿货的都默认将价格提了二成，更有不少人直接用现洋取货。这张单子是五年前的，约定的价格只是现价的六成。王东家看看少年，免不了问了句："五年前的单子，怎地到今年才来兑？"少年哆哆嗦嗦地说："父亲突然中风，病了几年，家中并没有别的可用之人。今年入秋就冷，父亲没能熬过去。办完丧事理东西时才发现，也不知道还有效没有？"说着眼巴巴望着王记的东家。

王东家记得这单子，是望仙桥的一间铺子，那年都预计着是个暖冬，价钱也放得低低的，量倒不小。结果到了日子，对方并没有按约来接货，那年铺子里皮毛因此积压得厉害，到了开春不得不低价出售，很是亏了一笔。当时掌柜特别生气，还去望仙桥找过，哪知铺子已经关张，只得吃了个闷亏，倒是让介绍人好一顿自责赔罪。

谁知今年毛皮大涨，这单子又冒出来了。

掌柜的很是不平，只是当着满屋子的人不好说。王东家想了想，问："你拿了货想去哪里卖？"少年说："家里原有的望仙桥铺子在父亲中风后已经卖了治病，但我自小订亲，未婚妻家是做成衣铺的，准备拿去岳家制了衣服后卖。"王东家又问："你岳家是哪家？"少年答："原是我母家，在绍兴城中。"王东家又问："还有一月就过年了，雪也下了五天了，若是做衣服，等做完已经过了时令，你还怎么卖？"少年答得很快："日子是紧了些，但皮毛衣服不比别的，只要裁剪巧妙，再将罩袍缝上即可，家里罩袍都是现成的。"

王东家点点头："难得你小小年纪，便心有成算！"说着叫伙计去马市街请亲家，叫了十辆马车来，把货物送去绍兴，又说："张小东家，这运费得你自己出。我就照顾我亲家的生意了，可以不？"少年赶紧点头："应该的应该的，只是我现在没有现钱，可否将运费折价，我少拿几件皮毛？"王家允了，带着少年去仓库搬货。

皮市巷

看到仓库空了一小半，几个伙计心头滴血，不免脸色难看，只道今年多备的货都便宜了这小子。东家却说：“这位小东家，是个扶得起的。做生意不能只看一时得失，既有单子，便当守诺。我做原料，他做成衣，本就是该相帮的。”

转眼到了三月，皮市巷是一年忙到头的，开春又是收购生丝的季节，正好回笼皮毛资金，付给蚕户。这次张家没有再爽约，头一个上门交付银票，还带了半车成衣送给王记上上下下。就这一季，靠着十车低价皮毛，张家东山再起了。

张小东家年纪虽小，脑筋却活络，拿着这笔本钱，在皮市巷尾买下一间小铺子，专做成衣，更为王记出谋划策，设计些稀罕的衣料。王记本来生意做得粗放，不过卖卖生丝、皮毛等原材料，经过张家辅助，慢慢走上了精加工的路子。张、王两家合伙开了织坊，仗着原料便宜，设计新颖，竟成了衣料大商户。顾客在巷头王记买了衣料，转头去巷尾张记做衣裳，好不便利。

巷内各商户一看这主意真好，免不了跟风，张、王两家也不吝啬，传授其中关窍。一时之间，杭州的织造业和成衣业红红火火发展了起来，不仅遍地都是织业小作坊，各有精擅，连成衣坊也分成了好多种，以招呼不同的客人。这下，不但皮市巷火了，连带周边一片都地价上扬，马市巷的运货生意也好了许多。

商业发展便是如此，一家旺不是旺，一街旺才是旺。做生意不外乎你帮我，我帮你，彼此之间重信重义，杭城商业能够旺上这么多年，就是这刻在骨子里的商业精神熏染的。

漫游在杭州的古巷中，微风中飘散的阵阵市井烟火，将坊街浸润得更加古色古香，这是其他古街老镇无法取代的杭城味儿，时至今日，清河坊依然是明清时期的杭城缩影。不管时代如何变迁，戒欺互助的杭城商业仍是当年样貌，老字号商铺始终营业，古老民居中邻里和谐。

番商的临终嘱托与埃及的秘色瓷

“经商又有什么不好！想当年，范蠡功成身退，聚拢天下钱财，逍遥于湖山之间。进则运筹兵事，退则富足一方。这是何等本事！若没有商家在后筹划，兵家又如何收复失地！”书房内，一位书生侃侃而谈，大有慷慨激昂之态。

“好！周兄见识高卓，气魄宏大，令小弟汗颜呐！”边上一位颇为瘦削的中年人拍手叫好。另一个胖墩墩，下巴上没有几根胡子的年长者则靠坐在椅上，一脸兴趣缺缺的模样，不阴不阳地说：“周兄固然是高见，梅兄也是壮志满怀，那不如你俩都去做生意吧，也好多赚些军费，免得边防动摇，天子每晚睡不好觉。”

那位书生冷哼一声：“张相不必相激，我周直孺说到做到，这便到两浙转运市舶司去也。待我将外番的银钱都赚来，壮我军威！”瘦瘦的中年人正是著名诗人梅尧臣，他当时只笑道：“我佩服周兄的胸襟，自己却没有经商的才能，到时我必赋诗送行。”

中国历代都轻视商人，唯独宋朝厚待商家，巨富豪贾层出不穷。这番周直孺即将去杭州主持专司对外贸易的市舶司，他满怀壮志，也想学习范蠡，既能打退强敌，又能玩转经济。据说范蠡后来化名陶朱公，做生意赚了许多钱，富甲天下，传说他退隐后带着西施在西湖边泛舟隐居，好不快活。周直孺以其为范，也是可以理解的。

可惜不久之后，草原铁骑长驱直入，周直孺的理想抱负未能实现。然而这并不代表市舶司没有用处，相反，南宋朝廷约二成的收入都来自海外贸易。国内赋税已经不堪负担财政支出，军费全赖海外贸易。南宋虽只余半壁江山，杭州的繁华却登峰造极，便是托了海外贸易的福。

甫到杭州，北人南迁，伤筋动骨。然而诸事未定，宋高宗就盘算起市舶司之事，这也难怪，这可是财政来源的大头，焉能不重视。

当时的杭州真可谓是各种文化水乳交融，南人、北人混杂一处，各国番商也购宅买铺，跑船经营。市面上扶桑的扇子，大食的乳香，波斯的宝石都不算稀罕货，这些全仗船只往来，远洋货运。

那日，做越瓷的邵家到临安找出海大船，想要搭货贩卖，好让自家的瓷器名扬海内外，多赚银两。要知道，瓷器一旦运到海外，价钱就要翻上几番，只要不翻船，哪怕扣除不菲的航行费用，也能够多赚二三倍。这时秘色越瓷已经式微，一心想重振越瓷的邵家只能想办法外销。

本来往海外贩瓷最出名的番商是叫波纳罗，他在临安有大宅，也有大铺面，铺子里售卖各种精致番货。每次装一船瓷器出海，他都能换回好几船番货来，在临安积攒了丰厚的家当。此时他却病了，孤身一人，眼看就要不行了。为了不死在家里，将宅子变作凶宅影响出售价钱，他搬到一家小客店内，独自住在后院的小倒屋内，苟延残喘。

邵当家的找到波纳罗时，见到的正是这一番凄凄惨惨的模样。小二将他带到房中就走了，那房内却有好几拨人，波纳罗靠在床头，勉强支住身子，喘着气和他们谈生意。那些人里有想买房的，也有想买铺子的，也有想带货的，围着波纳罗说个不停。邵当家的一时也插不上话，只得在一旁候着。见波纳罗喘得厉害，便端杯水过去。老头却已近油尽灯枯，手抖得厉害，半天也拿不住那杯水。邵当家的一声长叹，将水送他的嘴边，拉胚的手最稳，恰到好处地喂了半杯温水。

波纳罗又喘了半天，示意大家静下来，用特有的番腔说道："诸位，你们的事都好说。唯有一件，谁能做到，我就和谁谈。"屋内众人一阵喧哗，纷纷说些"但说无妨""当尽全力"。波纳罗攒了半天力气，一口气说道："我已快不行了。谁能将我的骨灰和在中土赚得的全部家资送回我的故土，送到我亲人手上，那一切好说，宅子、铺子作为报酬送你都无妨。"

一时间，所有人都沉默了。出海可不是小事，往返一趟就得二三年，更何况十次里总有三四次是回不来的。波纳罗的老家所在，是个连名字都没有听说过的所在，哪怕有海图，也没有人愿意去。带着那么多财物，去个陌生地方，那是羊入虎口，谁知是不是有去无回。此事如果可行，早就有人做了，也不必挨到这个时候。

波纳罗苦笑："我素知中土人重义守诺，这才敢托付。换了别处，嘴上答应得好好的，取了财货就跑得无影无踪了。诸位不敢答应，正是天朝贵重。"听了这话，哪怕有点歪心思的，也熄了念头。户籍家小都在这里，行差踏错一步，万贯家财都成了催命符，代代不得翻身。

邵当家的将拳捏了又捏，牙关咬了又咬，终觉得自己没本事接这趟差事。哪怕报酬诱人至极，只可惜自己没这手艺。

回家之后，老邵不免长吁短叹。他本是官窑内一个小工，专管制瓷之事，第二天上工时颇有些郁郁。监窑官巡工看老邵有些恍惚，赶紧叫他停工。官窑最近在做礼器，乃是天子钦定的款式，尺寸上分毫都不能差，负责拉胚的老邵最是要全神贯注的，出一点差错都不行。

监窑官拉着老邵问缘由，老邵也自知不妥，遂如实说了。说完有些不安，自己在官窑内做瓷，却老是想着自家窑场的越瓷，有点对不住官家。监窑官却若有所思，只教老邵安心干活，余事他会处理。

谁知监窑官却是市舶司提举的族弟，当天就将这事告知从兄，让他拿个主意。提举官姓吕，他一听就明白堂弟的意思，是想叫市舶司出这个头，把此事担下来。但此事颇是难为，要有可靠的船，可靠的人，往返要三年左右，又容易出事，会不会出力不讨好？但若是做成了，那各国番商必将我朝港口当作可托付之处，日后往来贸易会更繁盛。

邵当家的遗憾不已，吕提举往来思量，举棋不定。吕监窑官却是个能担事的，他也看到了越瓷没落的困境，作为一个爱瓷之人，也觉得外销是一着好棋。若能从波纳罗这里打开口子，浙江的各窑场无疑就有了生路。看从兄如此犹豫，吕监窑官不免从旁反复劝说，最后索性说，不如奏报上去，看看官家怎么说？

现在人或许会感到疑惑，这等小事也要惊动皇帝么？殊不知南宋时市舶司是个极其重要的衙门，且宋朝重视商业，因此市舶司内无小事，皇帝往往亲自决策。

高宗皇帝一听说此事，当即决定由市舶司承办，帮波纳罗完成心愿，同时接收他在临安的各种资产，妥善处理。有了官家做保，这事终于有了着落。市舶司派人去见了波纳罗，商谈细节。波纳罗早听说了消息，伸着脖子等人来，见了御使，一个劲儿在枕上叩头。又交上各处房地契、船票及海图，细细交代。当时的海图乃是真正的密图，没有了海图，大海茫茫，必死无疑，有了海图，只要能吃苦，运气不太差，一出海便是成倍的利润。哪怕是穷凶极恶的海盗，也只敢在自己掌握的海域范围内活动。波纳罗这张海图既详尽又广阔，真是宝贝。

御使过来商谈过没几天，波纳罗就安然过世了，其实他早已到了时候，只是心愿未成，强忍着一口气而已。市舶司又代办丧事，将出殡搞得轰轰烈烈，在临安、明州的各国番商都来拜奠。出洋行商，最怕的就是客死他乡，尸骨无还之外，好不容易赚来的钱财都不能交到亲人手上。有了波纳罗这个先例，这些番商无不松一口气。本来番商也有自己的行会，只是他们来自不同国家，语言风俗都各不相同，且来来去去没有个固定的行止，难以齐心。现在好了，市舶司出面帮他们解决了后顾之忧，以后往来就更加放心了。

没过多久，市舶司就准备好了，将波纳罗的骨灰坛与要带回去的财物装上船。货船还有许多空位，邵家终于将自家及邻家的各种越瓷共一百窑装上了船。市舶司不仅派出了经验丰富的水手，还派了护卫押船，更派了一位会看海图的官员随船前往，将事情安排得十分妥帖。

两年多后，船回来了，带回来一整船的番货，还带回来成箱的金子。邵当家听说消息，匆匆赶到码头，只见已有消息更灵通的番商们围着船，一个劲儿地问东问西。正好钱塘江涨潮，且难得平稳，市舶司安排了许多脚力往来卸货，另有大队护卫按刀巡查。这本是市舶司的日常，只是这艘船颇有意义，因此派出的人又多了三成。

东西都搬去妥帖的地方了，水手们方才一哄而散，押船官和一个番人最后才下来。番人是波纳罗的儿子，准备接手父亲的生意继续跑船，下来后对着众人跪倒，谢大家为父亲送终。押船官一脸黢黑，笑着下船，扯着身上的官服对吕提举说："上官莫怪，上次穿这身衣服还是您送我出海的时候，两年多不穿，浑身不自在。"又看到邵当家的站在一边不敢上前，特意走到他面前说："那里的人肤色深，也喜欢深色的瓷器，越瓷在那儿倒是很好销。明天你来司里取钱票，另外我再画些当地喜欢的样式给你。"邵当家闻言大喜，恨不得当时就跟着他回家讨图样。只是押船官家里也来接他，两年多没回家，几个家仆早就等得跳脚，来不及地一拱手被拥上马车回家了。

从此，越瓷出海的路子越来越宽，往来通货也越来越频繁，临安店铺里各国的货物俱全。四海之内，都知临安市舶司不但不为难行商，还管丧葬后事，且言出必行，丝毫不贪图番商财物，答应了将身后资财送回老家，不但办到了，还将人家儿子带出来发财。

800 多年后，邵家后人去埃及游玩，在当地一个小博物馆中，竟见到了越窑青瓷，款式、釉面与国内博物馆里的居然一模一样，更神奇的是，瓷器底部"邵记"标志清清楚楚。时转世移，邵家后人早已不再做瓷，家中所藏也尽皆失散。面对这 800 多年前漂洋过海的瓷器，邵家后人怔怔良久。

瓷器易碎，记忆易失，杭州并不是一个好港口，钱塘江涨潮迅猛，不易停泊，也因此，市舶司的重心逐渐转向了有更好港口的明州。然而开放、守约、互通有无的商业思想却在杭州一直流传了下来。来的都是客，大家按规矩买卖，千年之前，向外求取的商业契约精神就刻进了杭州人的骨子里。杭商自来互相扶助、互通有无、共同发展、遵守约定，这也是杭州城从未错过任何一次繁荣机会的商业思想源流。

琳娘替嫁与杭商传奇

南宋时，杭州的繁荣程度让今人难以想象。那时便有了保和堂药店，其中有一位清秀的药师学徒。在一个春雨绵绵的日子里，他为一对逛街的主仆撑起了油纸伞，从此，人妖相恋，中国最美的民间爱情传说就此传唱千年。在许仙和白娘子的故事中，保和堂药店是一个非常重要的背景：没有了这间药店，道行深厚的白娘子也不至于在端午节接触到这么多的雄黄，以至露出原形；没有了这间药店，许仙夫妇施药助人的种种积福之举便无从说起，故事的走向就难以如此凄美；没有了这间药店，便失去了坊街闹市里的人间烟火味，若是许仙与白娘子的传说中只有断桥，他们之后隐居山野，那这个故事便完全变了味，失却了杭州城的韵致。正因为这个传说热热闹闹地发生在闹市的药店中，它才能被大家如此喜爱。这可是发生在我们隔壁的故事啊，开药店是行德积福的行当，女主人白娘子并非令人一见生畏的生冷人物，而是日日相处的热心邻居、药师娘子，这其间的差别可太大了。

九月十六是个好日子，保和堂所在的河坊街张灯结彩，红绸子从巷口直拉到巷尾，一位发福的中年人立在街口，带着一伙人，踮着脚伸着脖子一个劲地往前看。

煙

清河坊街

过路的人但凡说句恭喜的，就有一个荷包塞了过来。荷包也是大红色，由各种丝绸缝成，虽说是零碎料子，但也值不少钱，运气好的，还能拿到缭绫料呢！荷包里都是街坊店铺的拿手好货，塞着保济丸、梨膏糖，还有恒兴饭庄的菜券、秋娘茶铺的凉水券，不少人拿到了就去兑换，秋娘茶铺里人山人海，大家都站在板凳上看热闹。

有人不管不顾先上来道喜领了荷包再打听的，这是怎么了？原来是临安城里最大的丝缎铺子侯记大少爷娶亲，娶的新娘可不得了，是禧郡主，皇亲国戚！

侯家不是那些小打小闹的商户，那可是有船的人家。那位领着人站在巷口迎亲的中年人，是侯家的三爷，看着面相一脸和气，出了海谁不知道那是个狠角色，敢和海匪抢航道，会讲好几种番话，谁也唬不了他。因此虽然伙计们抬着成筐的荷包，见人就发，但没有人再敢拿第二回的。还有不少人心里发毛不敢上前的，哪有谁见过侯三爷笑成这样的啊，狠厉角色变了脾气，可不是让人更发怵。

人越挤越多，忽然有小碎催绊着脚一路喊过来，来了来了！不待三爷发话，后面的人立马上前，人群见了如用避水珠一般，哗啦啦分出一条道来。果然远远的吹打声一路过来，侯家大少爷骑在马上，胸前硕大一朵红色缎花，流光溢彩，照得他神采奕奕。后面大红喜轿和民间款式大有不同，乃是郡主形制，边上仪仗一应俱全，街坊们都看得呆了。

三爷引路，马轿都进了侯家大门，执事站在门口扯着嗓门喊，有帖子的请进府喝喜酒，没帖子的请进边上恒兴饭庄，流水席侍候！一时间喜动全城，还有赶紧回家喊人的。恒兴饭庄的饭菜，那可是头等席面，平时哪里吃得上呢！

新娘子进了家门，按着全套礼仪拜罢，送进洞房。新郎官举着秤杆，准备掀了盖头就去外头敬酒。新娘子坐在床上，照例低着头，盖头微微发抖，显然是紧张至极。边上女眷们都是过来人，纷纷出言安慰。新郎将盖头一挑，新娘越发把头埋下去，大家笑哄起来，哎，还要喝合卺酒呢，快把头抬起来吧。新娘头越埋越低，新郎却收了笑容，叫了自己房里的丫头："帮她抬抬脸。"丫头极是机灵，上前捧住新娘的脸向自家少爷亮相。

只见一双泪眼，一张紧紧抿住却不住颤抖的小嘴。新房里瞬间静了下来，新郎气得直抖。三夫人一个箭步蹿上来，把丫头挤到一边，捏着新娘的下巴喝问："你是谁！郡主呢！谁作主让你上的轿！"李代桃僵！原来莫名其妙的人此时也明白了端底。三夫人一个眼色，立时有人往前厅去了。

房里死一般沉寂，大少爷拂袖而去，三夫人坐在桌边一言不发，其他人站着没一个敢有响动，新娘子连哭出声都不敢，陪嫁来的人也跪满一地。没一刻，外面脚步声响，二爷、三爷一齐走了进来。侯家不分家，大爷顶门立户，总理生意，二爷专管工坊，三爷专管海上。大夫人是世交之女，家中种桑千亩，负责采办蚕丝原料。二夫人是礼部侍郎的小姐，知书达理，主理家政。三夫人是指挥使家的女儿，刀马娴熟，比三爷还能打。兄弟齐心，妯娌和睦，谁也不敢小觑此家。

大爷大夫人是公婆，此时在外面接待宾客不好走开，二夫人忙着安排席面调度人员还不知道此事，因此来的只是二爷、三爷。二爷面无表情，三爷此时早没了富家翁的好模样，一双眼睛精光四射，随意一扫，人人低头。

侯家旁的都好，就是这一代子嗣艰难，三位爷，居然得了七八个姑娘，只有大爷得了一个儿子，因此这大少爷是三房共有的香火，养得无比用心，特地为他娶了郡主，是想用岳家将门第再抬一抬，谁知竟出了这等事。

做生意的没有不机灵的，房中各女眷见主事的来了，纷纷表示此事绝不外传，忙不迭地走了。三夫人沉着脸送客，并没有说别的，这事本就是瞒不住的。

新娘很是倔强，见人都走了，自己动手将头发拆了，喜服脱了，站在房间中间，一副听候发落的样子。没人理她，二老爷派人去请官媒，三老爷正听陪过来的奴仆怎么说。一会儿，二夫人也来了，亲自问新娘子怎么回事。

没一刻工夫，两个官媒都慌慌张张地来了，起先只一口咬定这就是郡主。大家和看傻子一样看了她们半晌，那两个婆子还是不肯松口。三夫人耐不住，骂道："我侯家在你们眼中就是个痴的？不亲眼验过货，你以为我们肯付银子？货被人调了包，你们还估量我们看不出来？"开什么玩笑，本朝的商户和郡主甚至公主结亲的都有，又不是什么大事。禧郡主本是二夫人提的，全家都找机会去相看过，连个婆子都知道新娘子长什么样。侯家是做丝绸生意的，有个小毛刺就能立马挑出来，看个人还能看错？

几下一问就很清楚了，原来真正的禧郡主五天前发急病没了。郡主的爹是七皇子，空有一个皇子名，既没权又没势的，还缺钱花，舍不得这门亲事，就用个差不多年纪的庶女代嫁。本指望侯家认不出来，行过礼，便是生米煮成熟饭，再难反悔了。

三夫人听完倒笑了出来："真不知谁才是傻子！"

二夫人长叹一声，皇室愚蠢竟至于斯！

客人散尽，全家都聚在新房中。三爷气得不住咬牙，本朝并不歧视商户，商户的儿子可以科举入仕，和士子官员乃至皇亲国戚联姻的不在少数。要保这江山，商家可是重要力量，国家税收有一半来自商税。官家不把侯家放在眼里，拿庶女顶替郡主，这真是前所未有的奇耻大辱。

新娘已经摘了钗环，换了素服，立在一旁无人理睬，她忽然走到房间中间，跪了下来，向房内诸位长辈团团叩头，说道："各位大人能否听小女子一言？"大夫人看了她半晌："说吧。"

"琳娘知道今日事不能善了，也曾劝过父亲不如明言，可惜父亲不听，琳娘也不敢违背父命。嫡姐已经殁了，人是赔不出来，家中只是个空壳子，财也赔不出来。现如今有两条路。"说着抬头看众人眼色，见大家只是冷冷盯着她，只得继续说："一条路是你们现在就把我送回去，小女子回去就投井，现在就写下文书，说清与侯家无干。有了文书人证，又有了人命，随你们怎么闹都占理，可以让我皇叔家再送个真的郡主来。只求一点，给生我的姨娘一口饭吃，我这一死，她必是要被赶出去的。第二条路，若是你们放我一条生路，就留我下来，生我的姨娘是织户女儿，我有手艺，必不吃白饭。少夫人的名分我不敢应，你们去王府退亲就是，我可当人证，坐实王府是骗婚。"

三夫人冷哼一声："第二条路，你有了活命的路子，就不管你亲娘了？"琳娘正色道："我不死，自然有法子护着我姨娘。"

二夫人点点头："大嫂，不如你细问问她有什么手艺，这个你最精通。"大爷说声："今天到此为止，都散了吧。"瞬间一屋子人散得干干净净，琳娘边上只有一个丫头，正是抬她脸的那个，她身手不凡，在边上目光炯炯地看着她，显见是防她半夜自尽，惹出麻烦。

再后来发生了什么事，琳娘并不清楚，她一直待在织房。只知道两个月后的一日，皇子妃亲自登门，说给大夫人做生日，顺便告知琳娘已经入了谱，是嫡出的长女，正在请封。隔了几天，侯家忽然来了个使者，给琳娘个祺郡主的封号，又给侯大少爷郡马的封号，另赏了一些珊瑚古玩。过年时，七皇子带着世子和全套仪仗亲自上门拜年，这可是稀罕事，别说皇家给商家拜年，便是岳家给婆家拜年也是不常见。

正月里，琳娘织出了侯家自产的捻金锦，还帮着大夫人把铺子里的品类重新分得清楚，又帮二老爷改良了机器。再后来，侯家少夫人精明能干的名声愈传愈远，再说起换亲之事，众人只说侯家好福气，去了个短命鬼，来了个积财女。

琳娘不但识字会织，还会生，一口气生了五男三女，各房都过继到了孙子，皆大欢喜。侯家不到万不得已不娶妾，儿媳妇会生，更不会引姨娘入门，日子过得蒸蒸日上。

秋娘茶铺的说书先生将这一切都看在眼里，编成一部侯氏琳娘传，大家听得津津有味，连大老爷没事也常去坐着听，边听边笑。也有相熟的问大老爷，你们这是怎么想的，这口气当时是怎么咽下去的？大老爷笑："说什么气不气的，和气生财，我们做生意的人家，只要实惠。什么嫡的庶的，入了宗谱写着嫡的就是嫡的。什么真郡主假郡主，皇上给了封就是真的。什么长女次女，能生儿子的就是好女。办法是人想的，有了实惠，自然就有了面子。好好一个小女娘，派得上用场，干吗为着个虚面子叫人家去死。”边上一圈邻里听了都深以为然，可不是，实惠最要紧。至于怎么得实惠，可不得自己想法子么。

宋朝，尤其是南宋，重视商业，并不轻视商人，一切以务实为本。做生意讲究老字号新品种，各种新奇特异在当时的杭州更是层出不穷，这些商业精神与传统传承至今。元朝时，蒙古人将治下之民划作几等，民生艰难。大势之下，杭州的发展也较为迟缓，然而在厚义务实的商业传统之下，杭州仍是天上之城，安居之所。

第二章

浙水敷文

引子：盐商子弟的舫课

“儿子，我们不去！让他们搬，我们绝不去！”徽州边上的招阳镇上，一户人家正在准备搬迁。满院子都是箱笼，一个青衣妇人跌坐在地上，抱着少年的腿，一边哭一边喊，眼泪鼻涕糊了满脸。少年满脸为难，手足无措。

满院子人来人往，就像没看见他们似的。妇人越喊越是尖厉：“我们不去！让他们自己去！我们住到舅舅家去！”另一个锦衣妇人从屋子里走了出来，几步赶上来，指着地上的妇人骂道：“你个小妇。舅舅？昭儿的舅舅在杭州呢！”青衣妇人语塞，只死死抱住少年，绝不撒手。锦衣妇人对少年说：“昭儿，你自己和你姨娘说。”

少年蹲下身子，拿过一块帕子，递给青衣妇人，叹道：“姨娘，你又是何必。杭州风物优美，善待行商，我们这是去享用繁华，哪里就至于如此呢？”这几句话说得温文尔雅，气度沉稳。青衣妇人急道：“我的儿，你懂什么！杭州只招了我们这些行商去住，是想赚我们的银子，却不给户籍。我们没什么，却耽误了你啊！没有户籍便入不了书院，你又如何去应试呢？读书多年，眼见得已有小成，这一去便误了终身，去不得啊！”又朝锦衣妇人哭喊：“大娘，求你了，昭儿是个读书种子，你便让他留下应试，来日中了举，诏封也是你的。可千万莫耽误了孩子的学业啊！你不认字，可也该知道读书才是光宗耀祖的事啊！”

锦衣妇人见她说出这一番言语来，一时之间驳不得，气急道：“当初抬你进门，不就为了你是个秀才女儿，识几个字，能好生教导孩子们，谁承想你却看不起我这个大妇。我不认字怎么样，我打得好盘算，我家老爷做得好生意，你们吃的喝的都是谁的？昭儿不是你的儿，是我的儿！你一个姨娘，有什么资格教训儿子！”说着便让仆役去掰青衣妇人的手。妇人只不放手，哭得上气不接下气，跪在地上一个劲地磕头。

少年颇为无奈，姨娘也是为自己好，很不忍心看她哭成这样，况且姨娘说的话听起来很有道理，万一是真的，那可大事不妙，相比于做生意，自己还是更喜欢读书。一时之间也犹豫了起来，眉头紧皱。仆妇们见状，也不敢下狠手去拉青衣妇人。

锦衣妇人连拍大腿：“我的儿！我不识字，可是我懂事啊！杭州那是个什么地方，出了多少举人老爷，满街读书人，连个老鼠都知道偷书啃。你去了杭州还怕没有书读？你爹赚这么多银子，不让你读书上进，光耀门楣，难道还扔水里不成？你姨娘是个没见识的，你读这么多年圣贤书，也学这小家子气的样儿！”

少爷一听很是惭愧，可不是，讲文脉兴旺，杭州城难道比不过这小小镇子？家里当了多年行商，往来贩盐赚些辛苦钱，好不容易积攒了些家财，有了些声望。正好浙江巡抚招各地有名的贩盐行商前去杭州定居，这本是天大的恩典。杭州乃旧朝故都，人杰地灵，市面繁华，书院林立，且杭州城与别处不同，打前朝传下来的规矩，并不轻视商人。大娘的兄弟已经先行去了，都说在那里可得官老爷们高看一眼，日子过得甚是扬眉吐气。爹娘这才高高兴兴收拾行李准备举家搬迁，爹已经先行去买好了房子、铺子，在新宅子里等着全家人了。大娘、姨娘与自己、小妹在后面收拾好零碎就走。

谁知，今日临行前，姨娘回了趟家，回来就这样了。想是姨娘那位秀才爹说的，老秀才当时病得起不了身，这才让女儿给人做了妾。后来病慢慢好了，女儿却已经生儿育女，没有转圜了。老秀才便将全副心思都放在女儿亲生的儿子身上，启蒙读书一手包办。大娘做生意很是精明，只是不能生育，却不是个苛待人的，也将兴家转业的希望放在这个儿子身上，都盼着他能读书中举。

说实在的，大娘心里也有些打鼓，毕竟说到读书应试，这一家子谁也没有秀才老爹知道。这镇子小，也没有什

敷文书院

么读书人，更无处打听。但毕竟有钱在手，自家兄弟也说了杭州善待商人，人往高处走，先去了再说！

再怎么闹，最后还是起身了。姨娘哭得起不了身，喊得嗓子都哑了，一路上愁云惨雾，只恨自己回天乏术，没有孙大圣的本事，将一队人马一口气吹回去。

到了杭州，管事的已早早等在路上，见了主母很是高兴，却见大家都一脸晦气，心中暗暗奇怪。一路繁华热闹，全家上上下下都连连叹服，大娘抓着姨娘往车外看："你瞧瞧，这气象，街上穿儒衫的这么多，你还怕昭儿没有书读？"

进了新宅子，竟是个五进的大院落，虽说位置偏了一些，但门口便是烟水矶码头，往来便利，山明水秀，实在是个美不胜收的所在。林昭的书房，推窗便可见水，烟柳荷花，历历在目，是个做学问的好地方。

老爷腆着肚子站在院中，看全家上下左摸右看，啧啧称奇，不禁满脸得意之色。大娘四处巡视，指挥仆役们搬箱笼，归置东西，忙得不可开交。林昭直接进了书房，再不肯出来。只有姨娘急得很，使劲拉着老爷的袖子，只是嗓子哭哑了，一个字都说不出来。老爷拍拍她的手："阿青你莫急，这么些年你辛苦了，你也有个单独的院子，清静得很。"姨娘哪里是急这个，说不出话来，急得掉眼泪。老爷温言相抚："莫哭莫哭，你喜欢的毛豆腐厨房都准备好了。"姨娘听了只是翻白眼。

乱了几日，一切才安置妥当，大家歇下气来，姨娘也终于能发声了。全家围坐在一起吃早饭，徽州带来的辣霉豆腐放在桌上，窗外凉风习习，隐隐传来潺潺水声，好不惬意。姨娘站在边上布菜，见大家都心情愉快，忽然插嘴道："昭儿已经误了好几天的功课了，该去上学了，不知老爷准备让昭儿去哪家书院？"老爷被问得一愣神，想了一想："还没顾上这事，今天我就去托人办。"姨娘有满肚子的话，只是忍着不说。

饭罢，林老爷果然叫了长随一起出门，为儿子找书院去了。他先找了相熟的几家盐商，发现此事颇有些曲折。杭州书院不少，但是府学只对本地户籍的学子开放，要参加科考还得回到原籍去。又去知府衙门找了书吏打听落籍的事，书吏回复说商籍无法落户。

这事儿可不小，自家独子是块读书的材料，这是祖坟冒青烟的好事。老家是个小镇，缺先生也缺书，本以为搬来杭州可以被文风熏染，考取功名，却没想到还这么多门道。林老爷很是难过，自家的出身还是低了些，改换门庭哪有这么容易。

林老爷心中不爽，中午就找朋友一起去饭庄喝酒解闷，几个盐商朋友来自天南海北，都是刚到杭州定居的，处境相似，家里不缺钱，就盼着儿子读书上进，能在坟头立根旗杆。喝了一阵闷酒，其中一人忽然站了起来，垂手恭立，喊了声："叶大人。"原来巡盐御史叶永盛也来这里吃饭。这可是盐商的主官，比知府、巡抚还要紧，一桌子人都赶紧立起问候。叶大人原是约了人的，要去雅间，见这些商人，也客客气气拱手，随口寒暄。

林老爷原是多喝了几杯，酒壮人胆，突然脱口而出："叶大人，小民几个想求您一件事。"说着已然跪倒在地。饭庄里人来人往，见这一幕，都吓了一跳。众人眼睁睁望着，叶大人整肃衣裳，坐下来道："你有什么事，先说来听听，具体怎么办，待回衙再说。"林老爷连连叩首，将事情说了。叶大人听着原来为此，脸色不由松下来：

敷文书院碑

“读书是好事，容我替汝等筹谋。”叶大人本以为有什么乱子，甚是紧张，一听原来如此，松一口气进了雅间。席上原也是相熟的地方官员，叶永盛将此事一说，一桌子都是干吏，也觉得是个问题。这些商户都迁来杭州定居，再叫他们的子弟回原籍读书应试，不说奔波麻烦，便是商户们住着也不安心。当下就议定，奏请朝廷，为他们设立商籍，落户杭州。

外面的林老爷已是一头冷汗，酒醒了大半。他也是老于生意的人了，如此鲁莽，没半点准备就开口了，简直就是闯祸。一桌子的人都捏一把冷汗，幸好叶大人脸色尚和，此事应有一线生机。林老爷一不做，二不休，索性让在座的各位都出马联络自己相熟的新迁商户，向官府请求入籍杭州。

联名状递上去了，连叶大人在内，杭州各级官员都很是重视，一番奔走之下，也耗费了不少时间，终于办成了此事！

商户们大喜过望，尤其是盐商更是奔走相告。盐商家中最不缺钱，让子弟考取功名的愿望也格外强烈。这时有了门路，无不感恩戴德。

林老爷更是得陇望蜀，找上叶永盛说："大人，您是进士老爷，学问文章那是没得说。您平时和我们盐商来往最多，可否帮着教导教导我们的孩子，也开个书院？"叶永盛一向维护盐商，而且教书育人本是读书人本色，当下笑道："开个书院谈何容易。就算我亲自教导，总要有个地方吧？"林老爷大喜："我那地方如何，只要叶大人您看得上，别的一切事务都是我们来操办，您只管看文章。"

生意人行事利索，没过几天，林老爷就把自家收拾了出来，更联络了各家盐商，广而告知由叶大人主持的书院已经开办。青姨娘激动得热泪盈眶，趴在地上一个劲给老爷叩头，把自己攒下的几件首饰都拿出来说是要给书院添置笔墨。不只是林老爷家欢欣雀跃，杭州城的商户都奔走相告，在家激动落泪的不在少数。叶大人的行事做派，大家都看在眼里，那可不是一般人，无论学问事功，都是一等一的。有这样的先生，对子弟来说，真是天大的福气。

一时之间，报名的学生蜂拥而至，从城里四面八方赶来。这时林老爷开始后悔，当时贪爱这里的风景，却偏远了些，院子也不够大，现在有些不够用了。但是学生们却不嫌，只觉此处风景清幽，最是安静，是个读书的好地方。

宅子门口就是水面，学生们发现，走水路更快更方便，于是纷纷以船代步。湖面上小舟分萍拂柳，更添动感。叶大人和商户们议定事项之后，若天气晴好，便抽身来到湖边平台上讲课。远远望去，水尽文曲，真是仙境一般。因宅内地方有限，叶永盛命题之后，索性命学子们在各自的舟中作文，小船悠悠于水上，文章吟咏共水波摇曳。时间一到，吹响画角，各舟划拢来交卷，先生端坐台上，百舟归聚，又是一景。

青姨娘远远偷望，乐得闭不拢嘴。大娘见她这般模样，气得拿手戳她脑门："也不知当日是谁眼泪鼻涕，赖在地上不肯来杭州！"全家都笑，大娘很是得意："我就说嘛，这样好的地方，满街都是油墨香，但凡用点心就能长成个读书种子。"

这湖上舫课，本是叶大人专为盐商子弟们设的。但这番风流却教人好不羡慕，慕名而来的学子再不限于盐商，甚至不少官家子弟也加入进来。再后来，湖上读书更成了杭州的一大传统。湖上清静，无人打扰，风物优美又能引发文思，正是绝好的所在。

从此，湖上书香，弥漫至今。

吴家大宅多大儒

自从有了叶永盛所开设的舫课，开了湖上读书的新风气，各家都开始打造“读书船”，泛舟湖上，清清静静，与文房四宝相伴。杭州的文人气本就与别处不同，有了读书船，更平添了几分风雅。做学问本是勤苦之事，谁家不是板凳坐得十年冷？可在杭州，三面湖山一面城的所在，偏就有许多雅事，读书一事，辛苦之余也多有趣致。

最初的舫课就是为商人子弟开设的，一传十，十传百，一时间，各地的学子都搬来杭州。林老爷也急着写信回乡，生怕自己的亲朋好友来晚了没有席位。那青姨娘虽是个姨娘，却是秀才女儿，她家本是徽州丰溪吴氏的远支，也是个读书风气兴盛之家。吴家也是世族大家，子弟众多，出了好几位进士、官员。

只是传到这几辈，不知为何，竟日益式微。不但人丁稀少，且多不成器，几个儿子不是身体羸弱就是一年都背不下千字文来。那一年祭祖，大家跪拜之时，大冬天的竟然跑出一只大老鼠，将香烛打翻，扬长而去。吴氏族人面面相觑，满头冷汗，这可是大凶之兆。

正在惊惶时，家塾里的老秀才拿着女儿的信来求见族长。林老爷在信里写得明白，杭州风水上佳，有良师坐镇，有书院无数，不但读书占先机，且生意往来便利，是安居上进之所在。又建议吴氏可酌情搬迁，可先派几房来打前站，自己尽可照顾安置。又细述湖上舫课如何清幽风雅，如何有所助益，现在自家孩儿已经要下场初试牛刀了。

在家千日好，出门一时难。世家大族，哪有挪地方的，说树挪死、人挪活的，都是逃荒的苦命人。

过了不久，吴家族人清明扫墓，只见平时绿草如茵的山上忽现一条大裂缝，直伸到坟底，触目惊心。族人赶紧请了僧道匠人一起来看，又是做法事又是打醮，不得已开了坟重新修整，否则山里多水，难保不出更大的乱子。开土动坟，那可是不得了的大事，全族人心惶惶，各房私下叹息，恐怕是家族气数将尽。

族人议论纷纷，吴秀才却带着儿子前来宗房辞行，说要搬去杭州，自己的孙儿也该进学堂了，不能耽误。

吴秀才去了之后，信件不断，话里话外都是是劝吴氏族人迁居，改换风水。

吴氏族长终于下定决心，大房带着余下几房仍在老家，让二房迁到杭州。吴秀才欢喜不尽，和林老爷一起将一应事务安排得妥妥当当。从此，丰溪吴氏在杭州有了一个分支。

且说这一支吴氏到了杭州之后，果然顺风顺水，出了不少读书人，且家风绵长，历几朝不断。到了清朝，更出了云贵总督吴振棫这样的封疆大吏。

吴振棫游宦多年，告老还乡。徽州乃祖籍所在，主支还坚守在那里，一个劲地招呼他回祖籍养老。可吴振棫魂牵梦绕的，只是杭州的湖山。杭州的祖宅已经破败不堪，吴振棫回来前派了管家打前站，拿着自己的帖子，去拜望杭州知府，托他为自己寻一处新宅子。

吴振棫身为封疆大吏，这样的人物选择了回杭州养老，杭州知府与有荣焉。他赶紧请师爷找了官牙，将合适的宅子都列了出来。管家取了单子，勾选了一些，又上门一一看过，最后选定了几家，便千里迢迢回去赴命。

拿到单子后，不待细看，吴振棫一眼就相中了岳官巷的一处宅子。岳官巷名颇有来历。明万历年间，学官殳云桥、殳龙山居于此，故名学官巷，杭州官话将“学”字发音为“岳”，叫着叫着，就叫成了岳官巷。这座宅子和读书科举有着深厚的渊源，由学官初建，又住过好几任学官，一直被书香温养着。

从此，岳官巷这所宅子便改称吴宅。吴振棫回到杭

岳官巷吴宅（现杭州市文史研究馆）

州后，将宅子扩建增修，真正成了书香门第。搬入吴宅之后，吴家几代人的名字都能在《清史稿》中看到，他们的身份是诗人、史学家、教育官员，总之不是著书做学问，就是办学搞教育。吴宅除了是几进的大宅之外，还有著名的藏书楼，几代藏书极富。

吴振棫不仅是道光、咸丰年间的重臣，官至云贵总督，在文学上也很有建树。道光十年（1830），吴振棫丁忧家居，在其祖父吴颢辑的《国朝杭郡诗辑》的基础上完成了《国朝杭郡诗续辑》，咸丰年间，同为杭州人的丁申、丁丙兄弟又在此基础上完成了《国朝杭郡诗三辑》。在诗歌史上，这是杭州地域文学兴起的重要例证。晚年回杭州后，他兴建吴宅，同时在敷文书院教书。

此外，吴振棫还著有《养吉斋丛录》，这部书记载了他官宦生涯中耳闻目睹的清代掌故、国家制度、饮食服饰等，被历代学者推崇，对了解与研究清代社会、政治、历史、文化等方面颇有参考价值。

養吉齋叢錄卷之一
賜進士出身雲貴總督翰林院編修臣吳振棫纂
太宗以下支派稱宗室用黃帶其疏者稱覺羅用紅帶有獲罪挑帶銷除旗檔者即古之削屬籍也有非宗族而賜姓者如扈爾漢姓佟佳氏從其父扈喇虎率屬來歸賜姓覺羅是也又伊爾根覺羅舒舒覺羅西林覺羅覺羅禪者乃其所受之姓與宗族之稱覺羅不同
附錄 達海世稱滿洲聖人其支下子孫皆用紫帶其女不挑秀女
宗室封爵自親王郡王貝勒貝子以下凡十四等以世遞降此下則為閒散宗室用四品頂戴惟禮親王睿親王肅親王鄭親王莊親王豫親王順承郡王克勤郡王皆 國初有大勳勞者

吴振棫《养吉斋丛录》书影

大宅之中，书香代代流传。曾写下“曾许人间第一流”的诗人吴庆坻是吴振棫的孙子，出生在吴宅，曾在杭州西湖边的诂经精舍跟随经学大师俞樾学习，后来任四川学政、湖南学政。吴家与俞家乃是世交，几代都有深厚的交往，互相诗词唱酬也不少。吴家祖孙几代都对杭州的诗词文学有着重要贡献。

吴宅中，清代最后一位家长吴士鉴，是《清史稿》的总纂之一，负责了《表》《志》以及《王公列传》等部分的撰写。吴士鉴是光绪十八年（1892）榜眼，官至翰林院侍读，翁同龢是他的老师。从北京修完《清史稿》回到杭州后，他就专心自己的著述，同时带着子孙辈读书，对当时的权贵避之犹恐不及。相传，浙江督军孙传芳率卫队来拜访他，提出给吴家子弟安排更高的职位，吴士鉴婉拒说：“让他们历练历练，按部就班好了。”从此，孙传芳再未与之交往。

从第一代入住吴宅的吴振棫开始，吴氏家中世代以读书为业，走科举正途。在文学、史学、政治上都有建树的吴家，是当时杭州城里数一数二的世家。辛亥革命后，吴士鉴的四个儿子中，长子吴秉澂、次子吴承湜都是京师译学馆（后并入北京大学的前身京师大学堂）毕业。

2017 年 3 月，吴家后人从世界各地回到杭州，在吴宅举行一次家族聚会，共同商讨修族谱的事。这次聚会筹备了半年，聚会上，吴家有了一张几十人的大合照。

合影中，吴廷瑜是南开大学毕业，在浙江一家银行任经理；吴廷瓛是唐山交通大学毕业，在政法系统工作；吴廷瓖毕业于浙江大学机械系，在铁路系统工作；吴廷璹浙江医科大学毕业，在浙医二院任主治医师；吴廷瑮是浙江大学土木系毕业，毕业第二年就去修滇缅公路，还参与过钱塘江大桥的修复，新中国成立后，又在全国各地修路架桥……其他吴家人也都是大学生，在铁路、医院等系统工作。

吴宅里不仅走出了一代又一代的读书人，还往来无白丁。清康熙年间，学官翁嵩年也曾在吴宅居住。翁嵩年先后任户部主事、刑部郎中和广东提学等职，尤其喜欢提携后进。最为人称道的是，他在广东督学时，一次考试因考场设于雷州，琼州（即海南岛）考生须渡海赶考。翁嵩年闻之说："我岂能以一己性命换取千万人性命？"遂将考场改设于琼州，让考生在当地应试，自己则不顾渡海风险，乘舟亲赴琼州督查考务，一时传为佳话。

吴家历代族长虽坚守徽州老家，却源源不断地将族中优秀子弟送往杭州。和吴家一样，历朝历代的各地大儒们大都或定居或游学于杭州，盖因此地的读书风气，独一无二！

西湖俞楼不一样

其实，爱西湖爱杭州的大儒何止吴氏一族，仗着湖山秀美，尊师重教，杭州的学子们遍邀天下大儒，前来杭州定居讲学。一直以来，杭州文风之盛，门派之丰，真可谓兼收并蓄。和商业文化一样，杭州做学问的风气也同样开放。

清光绪三年（1877），孤山边的“俞园”建成。眼看着匠人们打扫干净，退出院门，徐花农不禁笑容满面。管家带着仆妇、杂役等人，在院子里齐齐站定，只待主人吩咐。徐花农笑道：“主人马上便到，你们按吩咐好好收拾布置。”管家甚是好奇，原来徐老爷造了这么一所精致的宅子，竟不是自己住，可以想见，未来的主人必是了不得的人物。

徐花农回家之后，迫不及待地叫家中小厮去通知彭玉麟，俞楼全部落成，只待入住了。然后研墨伸纸，给老师写信，洋洋洒洒一大篇，主要就是四个字：屋成速来。

几日后，经学大师俞樾一连收到四封书信，有好友写的，亦有学生写的，内容几乎一模一样，都是告知他俞楼已经布置完毕，请老先生入住。

俞樾读罢一时难以委决。在西湖边造园子的事已经说了若干年，自己也反对了若干年。天下不太平，民贫国弱，自己一介书生不能为国效力，反而耗费财力、人力造园子，实在是罪过。但一想到那神仙一般的去处，又不由得心动。这四封信，拿起放下，放下拿起，不知看了几遍。身边随侍的知道先生的心事，看他实在纠结，忍不住出言相劝："老爷又何必固执。若不是你几番说杭州好，他们也不至于要起念造园子。既已造好，白放着更是浪费。"

杭州文风兴盛，向来有尊师重道的传统。更兼十分富庶，供养得起大儒前来讲学。且最最要紧的是，杭州向来开放，从无腐儒气。各个学问流派在此相安甚得，讲学之余，辩论证伪，真可谓集思广益。因此俞樾和许多的大儒一样，都喜爱杭州，也愿意待在杭州。朋友、弟子们正是体贴了老先生的心思，才不顾反对，为他造了俞园。

对于杭州，俞樾一点儿也不陌生。当年，他还是河南学政，因为被人弹劾而罢官，遂绝了仕途，索性以教书育人为业，以诗词楹联为乐。同治七年（1868），浙江巡抚马新贻亲赴苏州，诚请俞樾出任江南著名书院——杭州诂经精舍山长，还请他兼管浙江书局。这一待，就是三十余年，前后受业门生多达三千人，其中不乏很有成就的学生。在这些学生中，有一位特别体贴入微的弟子徐花农（后官至兵部侍郎），他见老师一家老小都还在苏州，而老师孤身住在孤山的书院里，便发动众同学捐资，于光绪四年（1878）在孤山西泠桥旁、六一泉侧，建造了一座中式二层楼房，这就是俞楼。

一切就绪，信件一封封飞来，弟子们也开始准备来接人了，可俞樾就是委决不下，老先生爱惜羽毛，生怕有人说自己害得弟子们奢侈铺张，耗费物力。又说自己无德无能，不敢占据这大好的湖山胜景，不胜惶恐。

消息传回苏州，姚夫人可不管这些，一听说可以住到杭州去，便拍手赞成。这样一来，俞先生也不必孤身一人待在杭州了，家眷尽可在一起。不日，学生都赶到了，坚请先生前去俞楼居住。最后实在拗不过了，也实在是爱这片湖山文地，俞樾还是带着姚夫人住进了俞楼。

这可是杭州读书人圈子里的大事。俞樾可不是死读书，只知八股，毫无情趣的腐儒，他不但精于经学，还是诗词大家，写起对联来既工且雅，其学问气质与杭州相得益彰。俞樾一到了孤山旁、西湖边的俞园，便立即吸引来了大批文人雅士，诗词唱和，好不热闹。

俞楼，从此成为俞曲园在杭州的家，也成了文人雅集的著名场所。在这座不起眼的雅楼中，走出了多位举人，如章太炎、吴昌硕，还走出了探花郎、著名词人俞陛云

俞楼（现俞曲园纪念馆）

和著名诗人、学者、红学家俞平伯，而后两位，一个是俞曲园的孙儿，一个是曾孙。

俞平伯还娶了出身杭州书香大家的许家女儿。俞平伯从英国留学回来，受聘于杭州第一师范学院，因此他在杭州住了好几年，也入住过曾祖父遗泽所在的俞楼。入住的第二天，他便写下了这样一段文字："这是我们初入居湖楼后的第一个春晨……今儿醒后，从疏疏朗朗的白罗帐里，窥见山上绛桃花的繁蕊，斗然的明艳欲流……今朝待醒的时光，耳际再不闻沉厉的厂笛和慌忙的校钟，惟有聒碎妙闲的鸟声一片，密接着恋枕依依衾的甜梦……"

俞家不但世代精于学问，出过探花郎，出过部考第一，也精于诗词，并不以诗词为小道，连俞平伯的太太许宝驯也是自幼受诗词熏陶，随手便可填词度曲。

杭州的儒学与他处不同，别有一番风流雅致。

乾隆押和东坡韵

“万岁爷！万岁爷！您可饶了奴婢吧！”总管太监跪在园子里一个劲儿地磕头，急得满头大汗，只差没抹眼泪了。祥答应也跪在一边，一个劲儿地绞着帕子，吓得直抖。眼看着满地乌泱泱一片人头，乾隆很是气恼，将拿在手上的竹子一扔：“不种了！”

“哎，那敢情好！”总管太监松了一口气，赶紧把乾隆扶到一边，提议道，“皇上您看，祥答应今儿连衣裳、鞋子都换好了，可着劲儿地准备登高呢。要不去四照亭吧，您作首诗！”乾隆打量了一眼祥答应，已经站起来的祥答应很是利落地把裙子一提，露出一双厚底山靴：“陛下，您看！专门做的！”乾隆倒被他们气笑了：“好嘛，都等着呐。那去吧。”

总管太监早就准备好了，一使眼色，后面一串拎茶炉、茶具的，举小仪仗的，捧衣裳的，拿文房四宝的，一串儿往四照亭去了。留下的小太监们大大松了一口气。这是怎么话儿说的，自从万岁爷南巡到了西湖边，就跟变了个人似的，一天一个新花样。昨儿万岁爷在行宫里逛得高兴，坐着歇凉呢，好好喝着茶，忽然把负责监造园子的官叫来，说要在寝宫的院子里种竹子。种就种吧，

孤山行宫旧址

今儿一早，竹子就运到了，正准备种呢，忽然万岁爷提早从议事处回来了，亲临栽种现场，兴致勃勃地在边上指点个没完，末了还抢过一支竹子，说要亲手种植。可把总管太监吓坏了，这铲子锄头的，都是利器，连亮都不能亮在万岁爷跟前儿的，但没有这些，怎么种啊，这不是添乱嘛。

还是登高好，反正也没几级台阶，累不着，上去又敞亮又凉快，还有个亭子能写诗。万岁爷一写诗就心情大好，大家都开心，晚上还能赏点时鲜菜吃。

乾隆大步就往山上去了，总管太监带着人气喘吁吁地在后头赶："主子爷，我的皇上爷，您慢点儿，大家伙都赶不上了！"乾隆回头一看，看到后面跟着的人狼狈的样子，甚是得意："你们这些不中用的奴才！"

一会儿到了四照亭，早有人等着侍候。都是站惯了走惯了的苦命人，哪能真走不过皇帝呢。乾隆在亭子里坐下，一会儿龙井茶端了上来，荷叶酥也摆上了，祥答应试了凉热，端到皇上手边。乾隆远眺湖心亭，只觉江山在握，豪情与柔情并举，心舒意畅。低头一看，山下诸人正在忙碌着种竹子。在北京宫里时，匠人劳作没有让皇帝看着的，要修个、补个什么，要种点儿什么，都是在皇帝看不见的时候忙乎。但在行宫里不同，乾隆特意吩咐了，想看看竹子是怎么栽的。看着一大伙人忙忙碌碌，慢慢地一片竹林显出形状来，与山下的大片竹子连成一片，翠竹万竿，动人至极。

兴致来了就想作诗，乾隆看着远处湖山和近处竹林，忽然想起杜甫《咏竹》一诗中“雨洗娟娟净，风吹细细香”的意境，此时虽然没有下雨，然而微风习习、竹香阵阵，这可是杭州特有的韵致。祥答应一见乾隆敲着桌子沉吟的样子，赶紧在桌上铺纸设墨，万岁爷的诗才敏捷是大家都知道的，他一天能写好几十首诗呢！不一会儿推敲完毕，乾隆写下：“闲披料峭琅玕里，未可其间坐久留。”写完持笔四顾，春风得意，问边上侍候的几个：“谁知

道这诗好在哪里啊？”四周静悄悄的，只听到风吹竹叶声，大家没一个敢吱声的。眼看僵着了，总管太监赶紧答话：“回万岁爷的话，奴婢几个，连祥答应在内，都不识字儿啊！万岁爷御笔必是好的！”祥答应机灵，见乾隆动了诗兴，早吩咐人去叫翰林来侍候。这会儿人也到了，一看诗句就笑道：“万岁真乃诗才也，押的子美同韵，浑然天成，对景生情。”这一下挠到了痒处，乾隆大喜，连着作了十余首才作罢。

这一住就是十天，竹子栽成了，人也该回去了。乾隆回京后的第一件事，就是吩咐人在玉泉山照着西湖行宫的样子仿建了个园子。只可惜南北风物各异，杭州之美，仿之不得其一。乾隆由此六下江南，次次流连此湖。

第二次又来到杭州，乾隆第一件事便去看前次栽下的竹子。一看竹子长势喜人，笑对左右道：“这些可是朕亲手种下的御竹！”又写诗云：“前度教栽竹，今来万个强。”并将这处题名为“竹凉处”，题咏了几十首诗。

《西湖十景图》

看罢竹子，乾隆叫总管太监：“把画册呈上。”原来在出京前，乾隆就命画师画了许多旅游线路图，尤其董邦达的《西湖十景图册》最得圣心，这次就带着南下了。边上服侍的纷纷上前凑趣儿，就此定下旅游路线。

苏东坡是乾隆喜爱的诗人，也和杭州缘分最深。乾隆就照着图册，跟着苏轼诗中提及的地点走，时不时地还用苏轼诗同样的韵脚，作诗应和一番。最出名的西湖十景，其石碑是康熙题字，背后均有乾隆题诗；在吴山，则有《吴山大观歌》《登吴山诗》《吴山恭依圣祖韵诗》《吴山瑞石洞诗》等刻诗；孤山有放鹤亭，乾隆每次南巡必作《放鹤亭诗》。

在乾隆身后跟着的这一串儿人中，就有一人一直捧着《西湖十景图册》，每至一处，乾隆就拿实景和图册对着看，然后在图册上写写画画，为此吟咏无数。

爱写诗的乾隆，不仅在外面游玩的时候写，在西湖边的“大别墅”更是时常诗兴大发，他经常题咏的，就有“西湖行宫八景”——“四照亭”“竹凉处”“绿云径”“瞰碧楼”“贮月泉”“鹫香庭”“领要阁”“玉兰堂”。西湖行宫八景位于西湖行宫后苑，依托孤山，建筑布局灵活，占地虽不广，却体现了清中期园林强调布局、构造严谨的特点。乾隆在其中玩赏不够。

四照亭位于孤山之巅，亭下修竹万竿，即使在盛夏时也是阴凉之地，乾隆御题曰“竹凉处”；向西，花木扶疏的道路称为“绿云径”；向南有高楼，御题曰“瞰碧楼”；楼下文石为台，有泉水从此出，名为“贮月泉”；泉侧丛桂常青，如仙山灵鹫，因此名为“鹫香庭”；鹫香庭后是“领要阁”“玉兰馆”。这几处地方，乾隆曾反复题咏，而且还是押着同一个韵脚的。

孤山四照亭

杭州是历代大儒都喜爱居停的地方，他们来了就爱写诗，因此杭州的墨迹刻石很多。乾隆也不例外，他在杭州写的诗，基本都刻在石头上了，仅《清通志·金石略》中记载的乾隆杭州石刻就有 143 处。

论起杭州之美，大儒的加持绝对是少不了的。他们为这片湖山题吟摩崖，灌输文气。缺了文化，就不是杭州了。中国叫西湖的地方可不少，真靠一大池子水，是不能让乾隆几次居留，魂牵梦萦的。在杭州，几乎每走一步，都能配上一首诗、一句词、一个典故。文化名人的足迹处处皆是，乾隆想要跟着苏东坡的脚印走，是因为苏轼留给杭州的遗泽绝不是一条堤这么简单。乾隆虽然贵为帝皇，他的尊贵到了杭州，也化入了杭州因着诗词文章所养出来的文脉中，也不由得要去追随前辈文豪大儒的遗诗、遗韵。

上千年来兴教育，重文化，这才熏陶出杭州的气质。

第三章 诸教共存

引子：三生石佛儒魂

望湖楼上，苏轼不时往北眺望，眼看千帆过尽皆不是，只急得一圈一圈打转。朝云被晃得眼花，不由嗔道："老爷，您且坐稳了，妾身要分茶了。"苏轼却是看都不看，从桌上拿起一杯白水一饮而尽，烫得直摆胡子。

"唉，老爷，大和尚是走着来的，还有几天呢。您这么着急，等大和尚到了，您腿都转软了，还怎么一起游山玩水呢？"虽是这个理，可抗不住心急，苏轼还是坐立难安。

忽有一骑，从涌金门方向跑了过来，正是从府上派出去接人的小厮中的一个。小厮下了马，一口气儿跑上了楼："老爷老爷！您盼的客人马上就到了。大和尚不肯骑马坐轿，也不肯让小的帮他拿包袱。他是走着来的，您且等等，再有三炷香的时间就到了。"苏轼大喜："好！好！泸州一别，山高水长，终于把这老佛头给盼来了！朝云，速速备茶。"说罢，便带人一路往前迎去。

远远看到一个布衣僧人，背着一只小包袱，安步当车，缓缓而至，派去接人的那些个小厮一个在前引路，另几个抬着顶空轿子落后几步跟着。苏轼再也顾不得，几步抢上前去，看到熟悉的面容，不由泪下："你个贼和尚，怎地走得这样慢！"佛印微笑，他一路紧赶慢赶，甚至连夜赶路，已然提前到了，现在脚上的水泡痛得很，看见苏轼涕泪横流，嫌弃道："赶紧把胡子擦擦，一州主官，也不怕人看见。"边上服侍的赶紧上前打理，苏轼携着佛印的手："我在望湖楼上给你备了素席，走快些，好喝我新纳的小妾朝云的茶。"佛印一甩手："在黄州时还知道种种地，到了杭州，东坡居士是改叫朝云居士了吧。"苏轼哈哈大笑："和尚你哪里知道，我在杭州教他们炖猪肉呢，你不如叫我猪肉居士。"

佛印大和尚与其他佛门修行者大有不同，他出家时已经 28 岁，出家前当过小官。忽有一日勘破机缘，出家为僧。当了和尚之后，修的是入世法，亦僧亦道亦儒。他所结交的朋友，佛学界的反而不如士大夫多，他们经常一起吃酒宴，席上畅谈纵论，对时世理解不俗。这样儒、释、道三者皆通透的洒脱人物，何止看破红尘这么简单。佛印与苏轼倾心结交，有多年的交情了，好几年不见，彼此想念之甚可想而知。

苏轼

在杭州安定下来之后，苏轼第一时间想起老友。杭州又与别处不同，佛气、道气、文气俱足，也是个儒、释、道和谐共存的妙地，更甚者，还有当地的城隍、番商信奉的回回教，都客客气气地庇佑当地百姓，从不见一教独大灭绝诸教的情形，此处正与佛印相合。苏轼便写信请佛印前来，既可谋一聚，又可让佛印见识一下湖山之美、教化之盛。

行脚本是佛家修行之义，佛印来到杭州，苏轼拉着他四处访庙登山，倒也相宜。两人整日在外转悠，还不时斗嘴，互打机锋，边上的人听得莫名其妙，两人却乐在其中。一日，两人前去三天竺观礼，出来时忽然心动，苏轼拉着住持问："贵寺可有什么神异的所在？"住持沉吟半晌，说："后山有一块大石，风雨之夜，常作呜呜之声。"

佛印与苏轼俱是放达之人，何惧神怪，当下便拉着住持前去寻访。到了后山果见一块大石，上面萝藤遍布，满是青苔，静静立于杂木之下。佛印与苏轼心有灵犀，对视一眼，已有主意。苏轼叫来小厮，和寺中僧人一起，拨开藤蔓，刮除青苔。半晌，大石上赫然露出题刻的三个大字——三生石，此为小篆，古朴厚重。

几人呆呆望着大石，住持叹息："我在此住持多年，竟不知此即为三生石。真乃机缘也。"说罢，望一眼佛印和苏轼，若有所思。苏轼向住持一揖："方丈大和尚可否留我等在此略作瞻仰？"住持一合什，带着小和尚们飘然而去。

苏轼望一眼佛印："你我一生相交，不如也学唐人，在此立一誓言？谁先过世，便先等一等，待十二年后，再齐聚此石之下。"佛印低头唱诵："阿弥陀佛。"

苏东坡诗碑亭

当天回家，苏轼一改往日兴奋模样，默默无语。朝云很是纳闷，不由得出言相询。苏轼拉过朝云：“你可想听个故事？”听故事谁不愿意，朝云赶紧点头，苏轼发了一会儿愣，慢慢讲来：“唐朝时有一个书生和一个和尚，他们很要好。”朝云奇道：“就像老爷和佛印禅师？”苏轼摇摇头：“李源比我强多了。他将一身家财都散给了寺观，自己入庙和圆泽和尚同吃同睡。我为俗世羁绊，尚不能够如此。”朝云点头，原来故事里面的两个人，一个叫李源，一个叫圆泽和尚。“后来有一天，他们一起出游。路上起了小争执，原是水路更近更便利，圆泽却要走陆路，李源不明白，硬拉着圆泽坐船。”朝云拍手道：“必是水路出了事。”苏轼凄然一笑：“小朝云甚是聪慧。正是如此。舟至半途，忽然对面来了一艘船，船头坐着一个妇人，大着肚子，那肚子却是大得吓人。李源看见了，惊得扯圆泽去看。圆泽一看哭了起来，跪在船板上只是向那妇人叩头。”朝云惊疑不定：“这是怎么回事呢？”苏轼一叹：“圆泽三年前就该圆寂投胎，投的正是那妇人之怀。他因为留恋与李源的情义，迟迟不去，那妇人因此怀胎三年不得生产，肚子越来越大，此番是去寺中祝祈的。若不相见还好，这一相见，圆泽在这世上就再也留不住了。”朝云大惊：“那李源怎么办？”苏轼看了朝云半晌：“圆泽临圆寂之前，与李源约定，十二年后，在杭州的三生石下相见。”朝云猛地站起来：“就在咱们这儿！他们见了吗？那三生石到底在哪儿？”苏轼道：“十二年后，李源果然等在三生石下，只见一个牧童远远衔笛而来，说自己便是圆泽转世。李源喜不自胜，牧童却说他们缘分已尽，不如各自修行，下世才有机会再聚。”朝云冰雪聪明，当即道：“老爷可是李源转世？”苏轼摇头：“前世之事，岂有尽知？只是今日，我与佛印居然让三生石重现世间了。我已与佛印约定，无论谁先走，十二年后，都在三生石边相会。”

三生石

第二天，佛印便告辞要回金山寺，苏轼再不相留，只说："十二年之约勿忘！"辞别好友，苏轼回来，便写《僧圆泽传》，详录其事，好教后人知晓。正是"三生石上旧精魂，赏月吟风不要论。惭愧情人远相访，此身虽异性常存"。

又过了许多年，曹雪芹在《石头记》第一回中便写了三生石边生了一株绛珠仙草，自此生出一段绝世情缘。

三生石所言，并非男女情事，而是儒释相融之义。杭州文化能够形成独特的气质，既冲淡平和又锐意进取，既超尘脱俗又烟火不断，在超脱与入世中圆转自如，与唐以来就有了诸教并存共融的文化传统是分不开的。

抱朴玉皇有真仙

清雍正年间，浙江巡抚衙门内传来阵阵抗辩之声。这情形本是少有，巡抚李卫治下向来说一不二，又有谁敢拂逆其意。

只听李卫扯着嗓门拍桌子：“刚刚向皇上献完祥瑞，说杭州是个风水宝地，你又来跟我说杭州风水不好，这岂不是欺君！”里面一片嘈嘈切切，也不知道在说些什么，忽然就静默了。良久之后，李卫的声音传了出来：“来人。”

几位师爷即刻走了进去，只见房内只有李卫和一个道士，相对而坐。此时，两人神情都很安宁，李卫随口吩咐：“带老神仙去玉皇山看看，服侍周全些。”

老神仙年纪并不大，不过道士的年龄谁也瞧不准。道家讲究抱扑归真，但有一口真气在，返老还童不是什么难事。

师爷只知道今日有道士来访，之后李卫便将人都清了出去，也不知道两人谈了些什么。李卫对于道士向来厚待，这是大家都知道的。京中有个多嘴的翰林曾经传出故事来，说皇上还是皇子的时候，就和李卫一块儿坐船，船上碰到一位道士，那是个真正的神仙，早就说过皇上贵不可言，说的所有东西后来都一一应验了，帮皇上避过了不少险境。因此皇上和李卫向来信道，对道士们十分优待。

只是这个道士看着面生，不像是常来常往的，也不知道是什么来头。这个道士看着几位好奇又不敢多问的样子，和善地道："我是游方而来的，现住葛岭抱朴观中。我专看风水，想去你们杭州城外的玉皇山上瞧瞧。麻烦诸位指个路。"众人连道岂敢，这本是大人安排的差事，焉能不尽心？

杭州本是个风水宝地，最聚香火，佛寺无数，城里城外道观也不少。宝石山葛岭上是住过真神仙的，现在丹井里还冒着仙气儿呢，能住在那里的道士，必不简单。只是玉皇山上也有道观，且势力不小，贸然带了不知根底的道士上去，恐怕会有得罪。

道士看这几人嘴上应得恭敬，却迟迟不安排动身，心下了然："是怕对玉皇山上的人不好交代？无妨。他们见了我自然无事。"几人又松一口气，真乃神人也，我们几个的心思，人家一望便知。这不是神仙是什么？

师爷赶紧安排了车轿，亲自带路往玉皇山上去。道士笑道："修道之人，不乘车马，我自走去，你坐轿在前带路就好。其实你们不去也无妨，指条路便可。"师爷哪里敢托大，连道得罪，只得自己也下轿走路。

从旗下去玉皇山，本来沿着西湖走便是，无须进城。只是道士又说要去城内一转，见见水井。师爷一行人带着道士，走了一天。道士细细看过各处水井，之后登上城隍山，俯瞰全城，沉默良久。眼看太阳西下，天黑了

从空中俯瞰的玉皇山脚

下来，众人不敢催促。山上游人也都急急下山，好在城隍山低矮，一刻钟工夫便能下山，倒也不急。

满城炊烟之中，月亮慢慢上来，山下万家灯火。众人难得夜来上山，看着这人间烟火，也不禁欢欣。忽然山下有一处浓烟直冒，没半刻，当当当的马铁响了起来，原是有人敲铁示警。眼看安宁的城中忽然扰攘起来，众人拉着火龙，提着水桶，纷纷赶去救火。乱了好久，火头灭了，再一阵，浓烟也不冒了，火势平了。众人在山上捏着一把冷汗，又帮不上忙，都急出一身汗，至此才松了一口气，只觉全身都僵硬了。

道士问："这杭州城里可是经常发生火灾？"师爷叹道："谁说不是。说来也奇，这处处水井的江南之地竟然比风干物燥的京师还容易起火，三天两头就有火灾。杭州有句话叫作'城隍山上看火烧'，学生本不解其意，今天总算是明白了。"众人也说："今天才明白城隍山上看火烧原来能看得这么清楚。怪不得杭州人把这个当一个乐子呢。”道士不解：“杭州人以此为乐？”师爷苦笑：“恐怕是苦中作乐吧。”道士这才点点头：“烟熏火燎，火龙抬头啊！”说着到了山上的城隍庙，道士叮嘱众人等在外头，自己独自进去。隐隐见他不知从哪摸出一撮香来，点在炉上，抬头对着城隍的像不知在说些什么，众人都不敢靠近去听。神仙与土地爷聊的问题，岂是凡人能偷听的。大家都自觉地越站越远，生怕沾染天机有所报应。

过了半晌，道士从城隍庙里出来，朝天上看看月亮，说声走，这才要去玉皇山。有个长随看庙门开得老大，怕有野物进去，就想走前去关一下门。不料到了门口抬头一看，城隍爷的塑像不知何时居然反了过去，背对着庙门。长随大吃一惊，想来是道士的神通，当下赶紧走开，不敢再看。

一行人走到玉皇山脚时，夜已深了。道士拿出一个罗盘，一边看月亮、星星，一边校正方向。他从袖中摸出一把桃木钉，交给师爷：“我说放在哪里，你便放在哪里。不要忘了，天亮了还要来的。”山林幽深，虽说不算什么深山老林，天黑了到底有些吓人，大家都有些紧张。道士却浑然不觉，只是探察山势。

到了山顶，树木没有那么密，更见月色清朗。道士四处查看，见到一处巨大的山隙，他微微一笑，从袖中拿出了一张符箓，随意往里一抛。符纸飘飘摇摇，便往山隙深处而去。半晌，幽黑的山隙里忽然爆出一团火花，火花四处乱窜，众人吓得一阵乱跑，不知该如何是好，有机灵的赶紧上前拉住道士袖子，还有蹲在地上抱住道士腿的。道士好笑：“是我的符纸能燃，并没有什么不干净的东西。杭州的风水好得很，诸位今天见了旺火，日后也必有好前程，不必惊慌。”大家将信将疑，见果然没什么事，才慢慢镇定下来。

天快亮时，大家都快支撑不住了，连道士的精神也仿佛差了许多。一夜下来，七颗桃木钉都已入土，师爷也仔细做了标记，大家一起记忆，保证天亮了还能找得着。

歇了一天，第三天大早，巡抚大人就着急请道士入衙，竟是急不可待。道士还是慢悠悠的样子，进了门先拱手。李卫道：“果然是读书人，当了道士还是这般意态。”道士笑道：“方外之人，读什么书。大道朝天，各走一边。”李卫早已打听清楚那天的事情，当下便问：“那城隍爷是怎么了？第二天一早我就打发人去看，说是又正回来了。”道士无奈：“你们这城隍爷是个耿直的，护短得很。别处的城隍常是武将出身，偏你这儿的城隍，历来都是文官，不好讲话。我只略说了些杭州城里老百姓城隍山上看火烧的俗谚，他便生了气，怪我不体贴他的百姓，扭过身子不理我了。我走后，想来他怕吓着百姓，自己转过来了罢。”李卫笑得很高兴：“我一到任，第一件事便是去拜城隍爷，原来这香火烧得怪值的。”道士微笑：“怎么？现在不怕那欺君之罪了？”

李卫肃然：“这座城特别得很，不喜欢玩虚的。那时我献祥瑞，不过也弄些双头稻穗，更不敢玩其他的花样。火龙一事，我已经密奏皇上。他是体谅百姓的人，不会怪罪我的。”道士点头：“那火龙地脉本是吉利事，只是略多了些，用水略一调和，便可水火相济，盐梅相成。前晚我在脉头上拿符箓试探了下，确实火旺了些，但龙形之势实不可多得，说杭州是风水宝地，本也没错。”李卫大喜：“原来如此。我还以为有多凶险。那就请老神仙多费心了。”

之后玉皇山上便悄悄建起七星缸来，位置便是那晚下桃木钉之处。施工之时都是深夜，道士亲自督工，确保位置无误。玉皇山上各处道观都已知晓此事，纷纷前来拜会道士，执礼甚恭。埋好七星缸，道士又召集玉皇山上各观住持，细细授以护养修持之法，以调养这满城风水，末了不许山上道士们招摇，又留下一沓符箓，教他们掐算日子投入山隙。

一切安排都完毕了，道士这才来求见李卫："已经好了。我自回葛岭山上修行，勿要再来惊扰。"李卫颇过意不去："老神仙辛苦了，我替您单独建一个道观吧，又尊贵又清净，还能多收些香火。"道士失笑："我又不是那城隍，要香火功德何用？有清净即可，葛岭出过真仙，自有洞天，不可多事。"想了想，道士又和李卫交代："修道最宜入邪，装神弄鬼，搞些糊弄人的下作伎俩，倒教人平白看不起。我看杭州风气甚佳，杭州佛寺多与读书人来往，道观却是在市井中穿行，一门心思但行好事不问前程。那葛洪本也是个读书人，将杭州的修道风气从根儿上就整肃得十分严谨。这是好事，你当老父母的，莫坏了这风气，带着百姓多沾些风水的好处便罢。"李卫郑重应下，不再多事。至今，竟不知那道士的名号、来历与去处，想是又一位真仙。

从此杭州再也不天天着火，总是风调雨顺，人们十分安康。杭州的道士从古便与他人不同，从不行些坑蒙拐骗的江湖之事，自用本事降妖辟邪，调和风水，与老百姓相处甚洽。

我的城隍我作主

明永乐年间的一日，杭州城里的锦衣卫们有些乱了头绪。当锦衣卫的有明有暗，大多数还是在暗处。杭州城很是重要，布下的暗卫们每天各司其职，在各处探听消息。然而这几天，兄弟们的心情都有些复杂。

起因不过是杭州各茶馆里差不多同时上了一部新书，讲的是杭州历朝历代城隍爷的故事。没听说过别处的城隍还和阳间的官儿一样，一任一任轮换着来的。但这书里的杭州城隍却是享够了香火便到天上去了，再换一个够格的新城隍来接替。书里写着杭州的每一任城隍都是护着百姓的清官、好官，死后要得全城百姓拥戴，才能来当夜断阴的城隍。书中正说道，前一任城隍是文天祥。文天祥是在杭州当上了状元郎，又是护着杭州被抓的，想自杀没成功，宁死不屈，死后被杭州老百姓请了来当的城隍爷。

说书先生们像约好了似的，每天只说一章，这天说到文天祥被元人抓着，逼着他眼睁睁看着从杭州逃难出去的小皇帝投了水。文天祥一身铁骨，敲起来都能铮铮地响，他从不流泪，眼看自己守护的国家就这么亡了，只见他从眼睛里流出血来，满口牙都咬碎了！

听到这里，茶馆里鸦雀无声，连过路的都站着听着挪不开步子，倒茶的小二手抖得洒了满地茶水。那些暗卫们也和百姓一起抹起了眼泪，心中暗暗惭愧，平时没少仗势鱼肉百姓，设想若是自己到了那个时候，能不能有文天祥一半儿的忠贞刚烈不怕死？自然是没有的，因此心里也分外不是滋味。

说书先生也揉揉眼眶，接着说文天祥死后，杭州的老百姓得知讯息后，如何偷偷在家祭祀，暗暗将他当作杭州的城隍爷，庇佑一城百姓。听到这里，底下的听众只一个劲儿地追问，那文天祥是江西人氏，他肯来我们杭州当城隍爷吗？说书先生说得很肯定："肯！怎么不肯！文天祥给我们杭州当过父母官呢，他死了也要守着这方土地。再说了，杭州百姓几天几夜烧香恭请，那香火都能把他引过来。"

老百姓听到这里都松一口气，顿时把心放到了肚子里，再看山上的城隍爷，那是怎么看怎么顺眼。听完书的当天，城隍庙的香火旺盛至极，烧香的人直排到了山下，人人都想给城隍爷敬一炷香。杭州这些年顺风顺水，安居乐业，可不全靠着城隍爷嘛。

锦衣卫们其实早就听出味儿来了，以前茶馆里说的书，不是棒打鸳鸯就是打打杀杀，哪有这些事儿。不过这书里说的都是杭州历朝历代的清官、好官，博学多才且气节不凡，文天祥那是汉人的英雄，享香火祭祀是应该的，谁也挑不出岔子来。只是总觉得怪怪的，好像哪里不对劲儿。

这书写得环环相扣，甚是好听，只可惜每天只讲一章。也有心急的客人撒了钱要说书先生往下说的，都被拒绝了，说是写书的每天只给一章，再往下的没有了，

实在说不了。这说法也早被暗卫们查实了，确是如此，每天一早，都会有几个小厮模样的人来给各家说书的人一沓纸，上面写的就是今天要说的内容。至于这些小厮，暗卫们也早就跟着去，发现他们都是金洞桥徐家的仆人。

吴山天风城隍阁

至于徐家，那可不得了，祖上有从龙之臣，儿女众多，且都会读书，每次放榜，徐家人回回不落，必然榜上有名。徐家终日客人不断，有一半是来求亲的，徐家的女儿个个不俗，能亲自教家中子弟《大学》《左传》，这么有学问的娘，生下的儿子那还用说吗？徐家各位爷游宦四方，二老爷就刚从广州任上致仕回家。杭州城里这样的人家不少，可徐家的分量不是普通人能得罪的。地方官但凡上任，还没去官衙，就都得拿拜帖先去徐家请教，拜完山头，得了他们点头，这位子才坐得下去。锦衣卫们虽不怵徐家，但也犯不上得罪。更何况锦衣卫只管官，不管民。徐家各位爷别管以前是什么身份，致仕回了家那就是民，锦衣卫管不着。想来是徐府里哪位爷读着史书忽然来了兴致，借了城隍的名头，要写写杭州的忠良传。不过这到底上不了台面，有玩物丧志之嫌，给下九流说书的写本子，本不是什么光彩的事，徐府不愿张扬，也是情理之中。

第二天，说书的一上场，下面人已经乌泱泱坐满一片，都伸长脖子等着呢，都想知道文天祥后面那任是谁。哪知说书先生今天说的是文天祥坐镇杭州一百来年，生生地把元人给送走了，享够了香火，就该上天去了，只因一直没有等来继任，只得时不时地还来办公。听众大哗，原来如此，怪不得我上次求签不灵呢，原来是城隍爷那会儿上天上办事去了，没在家！

这一天，说书的便说明，书已说完。欲知后事如何，不是听下回分解，而是要看天意，让杭州老百姓多留意，但有合适的城隍人选，千万莫要错过。

有意思的是，那天开始，各佛寺、道观的香火也鼎盛得很。善男信女们以往求姻缘、求生子，这会儿求的都是佛菩萨、各路神仙早日为杭州城找到一个新城隍，好歹给点线索，否则吴山上城隍庙要空了啊，谁来给我们夜断阴呢。

又过了几日，坊间巷里忽然传出了童谣，唱的是：

“城隍庙里新城隍，城隍奶奶小观音。杭州城隍骨头硬，烟火烧起笔笔直。”当夜，老百姓们都在家里设起了阴烟，点起香火，望空祭拜。

第二天一大早，吴山城隍庙里就人头济济，似乎全城百姓都来了，香火之盛，前所未有。老百姓们喜气洋洋，都笃定新城隍连城隍奶奶都已经上任了。这下有人作主了，心也定了。

经过一段时间的验证，杭州老百姓们发现，这个当年在世时铁面无私、刚正不阿的清官直臣，死了以后当的也是直鬼忠鬼，成了城隍后，最灵验的居然是姻缘。大家都说，城隍爷在世时没有儿子也不肯纳妾，和夫人最是恩爱，夫人本是个十分慈爱的妇人，当了城隍奶奶后更是心慈，对求上门来的百姓定是百般维护。再加城隍爷生前就是个断案的官，再也没有比他更缜密周全的了，配对之时自是权衡得宜，因此配出来的姻缘再也没有不好的。

其实锦衣卫们早就明白了，这位新城隍便是因得罪了锦衣卫千户被锦衣卫的头目纪纲陷害至死的浙江按察使周新。童谣里所谓的新城隍，用的就是周新的名字。周新和夫人是南海人，可不是和南海观音是一块的么，怪不得管城隍奶奶叫小观音。周新生前有“冷面寒铁公”之称，最为大公无私，死前大喊：“生为直臣，死为直鬼！”据说杭州的城隍香烟燃起来都是笔直的。

周新被冤杀后，周夫人回到广州老家苦苦度日。当时在广州的杭州籍官员一起出钱出力接济周夫人，想来那徐家二爷也是其中之一。徐家玩了这么一出，地方官都心知肚明，暗暗维护。锦衣卫明知道底细，却抓不住把柄，也打心眼儿里不想管，就这么含糊过去了。

谁知第二年纪纲就伏法被诛，皇帝想起周新来，知道自己是被奸臣蒙骗了，十分后悔难过，下令平反，并正式追封周新为杭州城隍神。这下有了诏命，杭州人民上了明路，赶紧办起来，立碑的、立祠的、修庙的，各凭心意。杭州的新任城隍爷是周新，也从此不用再避讳了。

虽然周新生前是个很严肃的人，一丝不苟且不轻易言笑，然而老百姓早就看明白了他的冷面热心，到城隍庙里尽是求姻缘的。杭州城隍庙求姻缘比黄龙供奉的月老祠还灵验，这是百姓们口口相传的。

杭州人拜的菩萨、仙、佛、城隍似乎都与别处的有些不同，多些儒生气，有些人情味，沾些杭州特有的诗情。

予一城佛缘，还百世兴旺

吴越王宫中，佛堂内，吴越王正虔诚地跪拜着佛菩萨。这是他每日做功课的时间，谁也不能搅扰。待他出来，内使这才呈上急件："大王请看，这是江南国主的来函。"钱俶拆信略作浏览，不由眉头紧皱，又重头细读，这一次读读想想，竟是看了小半个时辰。下人不敢出声，俱在一边垂手而立，殿中静悄悄的毫无声响，只有香烟袅袅，不可捉摸。

良久，钱俶放下信，长叹一声。

天下不太平，吴越国自建立以来，这天下的太平日子是扳着指头都数得出来的。天下易主，简直如手掌翻覆，几年便是一个新主。吴越的国训是"遵奉中原，永不称帝"，自然是每换一个新主，便主动纳表称臣。好在诸帝都没有为难过吴越国，杭州成了难得的一片净土，得以休养生息，修庙礼佛。

最近中原最为强势的是宋主，赵匡胤已经称帝，兵锋所到之处，所向披靡，已然将北方全部平定，现在正挥师南下。江南国主李煜写信来，是不甘于人臣，想和吴越国联合抗宋："唇亡齿寒，待我江南亡国，便是吴越。何不携手抗敌，以图共存？”

钱王妃眼巴巴看着钱王。钱俶叹息一声：“他金陵城城高池深的，我吴越国又有什么？祖宗遗训，不可不听。”那宋帝早已放出话来：“卧榻之侧，岂容他人酣睡。”赵氏收了北方，又怎么可能放过南方？宋可不比以前那些中原之主，纳表称臣后便可保平安。宋兵强大，攻城略地之余稳扎稳打，赵氏眼看是要真正成为统一南北之主。

吴越从开国以来，便人人笃信佛教，80 余年间建了数百寺观塔幢。为保一方平安，世道愈乱，建得愈多。钱王妃也日日礼佛诵经，从无间断。这些年，钱俶重建了杭州灵隐寺，请智觉延寿为中兴第一世。又迎请螺溪义寂讲《法华经》，特赐“净光大师”之号。还遣使赴日本、高丽求取天台论疏，使得天台教观绷然而起。同时还在杭州建普门寺、兜率院等。

王妃心头茫然，这些年所行功德不可谓不厚，却都不是为自己，而是为了百姓。只是这些年天下乱，百姓苦，钱家纵然勉强护得一方周全，也难保最后要被架在火上烤。百姓本不在乎天下姓谁，有饱暖平安便可，但钱家这方小天下的传承，却得就此中绝了。

钱俶默坐在殿中，王妃又到佛堂跪在佛前，也不知该求祈些什么。

不日，宋军南下，直逼金陵城下。李煜负隅顽抗之余，不断写信来吴越国，请吴越国出兵并肩作战。这些年，李唐强大，吴越国弱小，但李唐却没有难为过吴越国，甚至一直挡在吴越国的前头，抗住北边的压力，此时要求同仇敌忾，并无不妥。这一封封信便如利刃，将钱俶的心划得七零八落。从道义而言，他何尝不想出兵与那位擅长填词的才子一起，护卫家园。只是从理智而言，他明白，以这几个南国的战力，都不够对方吃一顿饱的。螳臂当车，除了徒增伤亡，更会给百姓带来不可测的灾祸。

前方战事日紧，人心惶惶，钱俶却前去祭祀祖先，在开国老祖钱镠的陵庙前，他终于做回了一个无助的孩子，跪地大哭："儿不孝，不能守祭祀，又不能死社稷。"他哭得站不起身来，服侍的人没有一个敢劝的，都陪着落泪，陵庙里哭声震天。大家心里都清楚，吴越国，这回是到头了。

回去之后，钱俶便以加急快信向宋上表称臣，并表示会出兵助攻金陵。宋主收信很是欢喜，宋兵强悍，不怕打仗，但能够少死人总是好的。金陵至此腹背受敌，前有宋，后有吴越，前后夹攻，李煜又气又急，却没有办法，只能将钱俶骂上万遍。

坚持不了多久，金陵城破，李煜奉表请降。宋兵一路南下，太平兴国三年（978），平定漳、泉，钱俶审时度势，主动献国。此时已是宋太宗在位，他对钱氏很是客气，封了不少虚衔，又请钱俶去开封做客。城中百姓，从此都是大宋子民，如此富庶之地既然都是自己的了，再没有破坏之理。大宋理所当然地接管过去，一切生息照旧。百姓炊烟、佛寺烟火没有停过一天。

这一日，钱俶即将起身去开封。众人都知，此一去便没有归时了。他召集众人，历数自己崇佛贡奉："想我毕生崇信佛教。凡于万机之暇，口不辍诵释氏之书，手不停披释氏之典。于境内造经幢，刻佛经，建寺院，修宝塔，礼遇天台德韶和永明延寿等高僧，遣使往高丽、日本寻求佛教诸宗典籍，在西府杭州重修灵隐寺，创建永明禅寺（今净慈寺），建造六和塔、保俶塔、雷峰塔等，还修了烟霞洞、慈云岭、天龙寺、飞来峰等石窟造像，令吴越国成就东南佛国。壬申岁（972 年）、丙子岁（976 年）前后为雷峰塔特制两座银制阿育王塔。一座阿育王塔内有金制容器（即金棺），内有佛螺髻发舍利，另一天宫的阿育王塔内悬挂约 4 厘米高的葫芦状金瓶，内含舍利，乃是最高规格的阿育王塔。林林总总，不一而足。”众人皆知此乃实言，无不默默落泪。他又说：“种种功德，

冬日保俶塔

尽皆归入此地百姓。当以我一人之身，挡其灾厄。日后我埋骨他乡，但望有人祭祀我钱氏祖陵。”

钱俶叩别祖陵，洒泪道：“我钱氏一家虚名又有何用，能为百姓换些实惠才是我吴越国的生存之道。我这一去，只望此方百姓安好，我钱家后代兴旺繁茂。”

后来钱俶果然死在开封，尸骨不得归故乡。然而他在佛前许下的大愿，竟完全实现。杭州一城繁华绵延千年，而钱氏之兴盛，也罕见地延续至今，族中英才辈出，从未断绝。钱氏祖陵不但日日有人照拂，更得全城百姓供奉。

幸亏吴越钱氏的决定，杭州这方水土才保得平安兴盛。冥冥之间，得佛法庇佑，亦回报佛教。钱俶以一人客死他乡，换得吴越国境内免遭战乱的痛苦和破坏，另一方面杭州也因此受到北宋前期历代帝王的重视，对佛教则采取了保护和支持政策，在不同程度上促进了佛教的发展。

由此，杭州佛教因其特殊的历史条件，始终保持着较为兴盛的状态，寺院林立，恰如苏轼所称：“钱塘佛者之盛，盖甲天下。”据说，每日参拜一寺，都要花上一年的时间才能访遍杭城的所有寺院。宋室南迁，定都杭州后，全国的政治、经济、文化中心也随即来到了杭州，杭州佛教也正式进入了鼎盛时期。同时，“两百年之间，人物日以繁盛，遂甲于东南”。

第四章 此城

引子：好琴难战的赵天子

临安皇宫中，古琴之声又悠悠响起了。这几年，宫中的琴音从锯木般渐至浑圆，至今已然流畅调和，颇有动人之处。弹琴的是宫中两位小皇子，高宗无子，这两位，是千挑万选的储君候选人，打小便养在宫里。

赵家天子向来满身风雅，琴棋书画，没有不通的，高宗也不例外。他挑了两个室子侄准备继承大统，自然要好好教养，学书之余，亦要学琴。

这日，高宗下朝，颇觉疲惫，听到后宫中古琴之声悠然，不由得来了兴致。信步到了两位小王爷学琴的地方，示意边上宦官不可通传打扰，便坐着静静听。两个身份尊贵的小儿一个叫赵璩，一个叫赵瑗，虽然都是赵家人，却都是赵匡胤一脉的后人。

此时的宋朝，只得南方半壁江山。临安虽繁华，北伐之念却常在人心。更兼今上独子早夭，各种传言纷纷扬扬。虽然高宗总希望生出自己的亲子，但人心惶惶，臣子死谏，都希望早立太子，以早定国本，重振国运。为了镇定人心，遂从宗室中选了两个孩子进宫抚养。

所有流言之中，最要命的一个是说金国的金太宗完颜晟容貌酷肖宋太祖赵匡胤。传言说是赵匡胤转世为金太宗完颜晟，恨其弟赵匡义当年的夺位之仇，这才要灭了宋太宗一系。要保住大宋江山，必得将皇位传回给赵匡胤的后人才可。

更诡异的是，高宗的生母韦太后曾亲眼见过金太宗完颜晟，经过艰苦的谈判，韦太后被大发慈悲送回临安，回来后，她也如是说。那就更不可不信了。于是宋高宗在选择继承人选之时，便在太祖赵匡胤的后人之中选了两位，以验其言。

这两个孩子是经过反复挑选的，自然都是聪慧有福的。赵璩高额秀目，言语灵巧，与太后最是亲昵，皇后也偏爱他。赵瑗清秀内敛，瘦瘦小小，不擅言辞，不太会讨太后和皇后的欢心，似乎宠爱少些。因此宫里宫外都传言，以后继承大统的，必是赵璩。宫里服侍的人惯会看眼色，对赵璩也更加客气。

此时高宗坐在边上，微闭双目，听两位侄儿弹琴。高宗于琴之一道实为大行家，一听便知端的。今日学的是名曲《山居》，正适合这个年纪的演奏者，曲调优美，可静心养气。只听赵璩所弹圆熟轻灵，透着一股子喜气，让人听了暖洋洋，甚是舒适。而赵瑗所奏则铿锵有力，隐忍沉静，生生将一曲《山居》奏出了《沧浪》之感。

两人虽同奏一曲，然而曲风不同，节奏略有差异。两相合奏，并不和谐，隐隐有相争之意。赵璩弹得又快又利，熟极而流，似要带着赵瑗一起往前赶。而赵瑗所奏声沉力足，每每在节点上便铮鸣一声，盖过对方，又将节奏拉了回来。一时之间，这支冲淡平和的曲子有了金戈之相。高宗一惊，原来孩子们也都大了，懂事了，知道了什么叫作储位之争，琴音里双方相争之心，坦露无遗。看来立太子之事，是该好好想想了。

高宗在心中微一叹息，七岁看老，这两个孩子虽在稚龄，琴声却已透露出胸中的志向。其实从之前的习字、作画、解书等种种，高宗已经明白这两个孩子的心性，今日听了琴音，更是确定了之前的想法。只是越是肯定，越是委决不下。

靖康耻，犹未雪，然而当年被金兵追杀之惨况，如在眼前。高宗心里明白，临安再好，不是故都，可是率军北伐，别说时机未到，就算是诸事齐备，也不敢轻易去送死。临安这样歌舞升平，繁华似锦，逐渐抚平了战争的创伤，高宗打心眼里不愿再兴刀兵。

选赵璩，这是天生的赵家人，琴棋书画没有不精通的，对于鉴赏一道有着天生的敏感，好坏一看便知，且能讲得头头是道，这样的皇帝，像足了自己，以后必能守着这半壁江山，不至冒进。然而祖庭怎么办呢？父兄受辱之仇又有谁能报，又有谁能够收复失地，一振国威？

选赵瑗，他小小年纪便沉稳坚毅，处事得体，想来今后也能抗得住这副重担。这孩子什么都好，只是周身少根雅骨，琴棋书画，但凡教他的，他虽都能认真用功，无可挑剔，但看得出来，他真正的兴趣并不在此，赵家的风流种子恐怕至此断绝。更可虑的是，若是由他继位，会不会贪功出击，将现在这安逸的南边也丢了？

一边听，高宗一边在心里左思右想。这些心思，他早动过无数次，却是没个结果。好在自己春秋鼎盛，还不至于紧急到必须要立太子的地步，让外面那些臣子去闹吧。

想到这里，他站起身来，走到两个孩子身边，亲自指点。两个孩子都很惊喜，毕竟皇上国事繁忙，少有时间盘桓后宫，更别提亲自指点他们了。皇上的琴艺是连师傅都钦佩的，能得这样的高手指点，真是幸事。

高宗爱琴是众所周知之事，不仅在弹奏上是个公认的高手，他还能创作琴曲，甚至自己设计制作古琴。

此时宦官们已经搬来高宗惯用的琴，摆好琴台，焚香净手。高宗盘膝坐下，先示范起手式，教训道："古琴之为乐，是谓之礼，谓之道，非为小道技，实是修心养意。因此起手前须三吐纳，澄心静虑，心无杂念。手要稳，弦要准，眼中有了琴，心里便只有琴。刚才我听你们二人弹奏，起手太过匆忙，尤其是璩儿，起手太快，略显轻浮。瑗儿呢……"

正在边说边演示，忽然园中窜来一只大猫，直扑三人所在的琴台，虎虎生风。赵璩骤然一惊，大惊失色之余，尖声惊叫，连滚带爬地躲到内侍身后，带翻了琴台。还双手乱挥，打翻了茶水。两腿乱蹬，将一盆芍药踹得粉碎。内侍赶紧抱住他连声安抚，赵璩尤自吓得嘴唇发颤，甚至连口水都控制不住地流了出来。

待他好不容易安静下来，忽然发现高宗坐在他面前，正用极其厌恶嫌弃的眼神看着他，还用宽大的袖子挡住自己的口鼻，似乎生怕沾染不洁之物。而他身边服侍的内侍、宫女、乳母等都已经跪满一地，一个劲儿地叩头。他最信任的内侍这会儿也顾不得了，急急把他扶正坐好，自己跪倒使劲地磕响头："都怪小的没用，竟把物什都打翻了，还带倒了小爷！小的死罪！"赵璩打了一个冷战，忽然明白过来，自己刚才竟然御前失仪了，一只小小的猫，竟把自己吓成了这样。

再往边上一看，赵瑗神态安详，端坐不动，甚至手还在琴弦上方将落未落，正结着一个起手式，按高宗的要求，一派沉稳。赵璩顿时脸色一片灰败，内侍叩头认罪的声音还在回荡着，听上去却钝钝的，仿佛隔着千万重世界。那一瞬间，他明白，皇位从此与他无缘了。

那猫是太后养的，名叫玉奴，又肥又壮，很是淘气，常在园中飞窜。它原是看这里人多，过来凑个热闹，却不知惹出这么大事，这会儿得意扬扬地蹲在树杈上，喵呜乱叫。太后宫里养猫的宫女这会儿也气喘吁吁地追了过来，看到皇上也在，少不得都行礼告罪。

太后宫里出来的人没有不机灵的，早早看到现场乱成一团，走近了拿眼睛一扫，心里已经明镜似的。这时赶紧去捉猫，想早早远离这是非之地。那猫却在树上不下来，宫女们急得没办法。

只听一声琴音响起，赵瑗竟弹起了琴，琴声舒缓悠扬，身边人都觉松了一口气，平和了下来，连猫儿也收了毛，自行从树上下来了。赵瑗流水一声，收了音，向那猫儿招手唤道："玉奴，过来。"那猫儿便颠颠儿地跑过来，偎在赵瑗怀里，任由他抚着背上的毛。赵瑗抱起猫，递给宫女："快抱回去罢，不然太后又要担心了。"

那宫女抱着猫跑回太后宫里，忙向太后说了适才发生之事。太后一听是赵璩失仪，不由得甚为失望："那孩子平日瞧着极为机灵，怎地如此小家子气，居然怕玉奴。"

高宗败了兴致，拂袖而去。看到赵璩惊慌失措的样子，便想起自己唯一的亲生儿子竟因宫人不小心踢到金炉而吓出病来，没想到最后居然一病不起，自己也因当年苗刘兵变受了惊吓，失去了生育能力。那段糟心的日子真是连回想都觉得难堪。这赵璩不堪大用，连只猫都能吓到他，更何况适才听他的琴音轻浮无力，足见其心志不坚，祖宗的江山又怎可以靠他来守护。

又过了几年，又有文臣劝谏，要皇上早立太子，以安民心云云。只是高宗依然心存犹疑，思虑良久，下朝后单独召了人来拟诏，诏封赵瑗为普安郡王。又过了几年，又封赵璩为恩平郡王，但却另立王府，出宫居住。二人官属礼制相同，号为东、西府。后来，直到太后驾崩后，三年丧期满，赵瑗才被立为皇太子，赐名为昚。一个月后，便接受高宗禅位，即位为帝，便是宋孝宗。

宋孝宗

在太子之位确定的时候，高宗特意做了一种盾形的大琴，赏赐诸臣。此琴外形古朴厚重，如盾牌一般，声色浑厚，可遏行云，有金铁之声。诸臣均知储君初定，这是为了激励群臣收复北地。

宋孝宗继位之后，仍是时时弹奏古琴。高宗当年所赐的盾形古琴，是他最心爱的琴。且宋孝宗钟爱的琴曲也大多是慷慨激昂，锐意进取的。

监察御史张岩门下有一个清客，叫作郭沔，乃是开宗立派的古琴大宗师。和张岩一样，郭沔有着极强的民

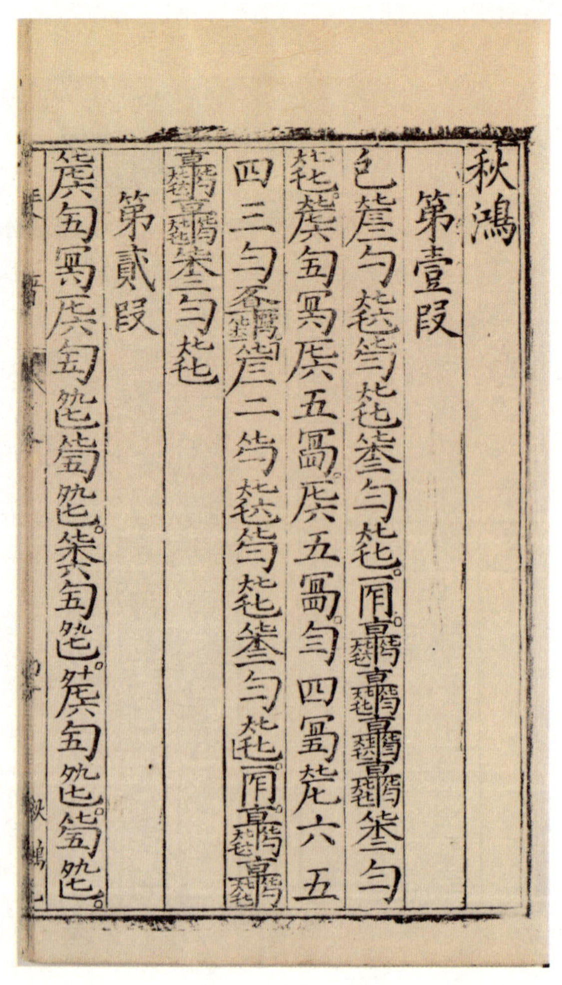

《秋鸿》琴谱

族精神，主战而反对苟安，这种精神气质在其琴曲中也可见一斑，比如其著名的《潇湘水云》《泛沧浪》《秋鸿》等名曲，其中都蕴含一种深深的惆怅和凄凉悲壮之感，颇有郁郁不得志之情。乐曲中对故国河山的缅怀与眷恋之情呼之欲出。他还培养出刘志方、徐天民等高超的弟子，一时间浙派古琴人丁兴旺，俨然大派气象。

高宗主和，禅位给孝宗后，又当了若干年的太上皇。而孝宗即位后立刻替岳飞平反，他有心出战，却不敢违逆太上皇的意思，只得日日在宫中拨弄郭沔所写之曲。

有诗云“西湖歌舞几时休”，以为临安所流行的琴曲必为靡靡之音，哪知事实却并非如此。杭人自有血性，从宫中所奏，直至士大夫门下，再往市井之间，所奏皆是怀恋故国、欲往北伐之音。自宋孝宗开始，杭州的古琴自成一派，斫琴之艺也日益精湛。

南方嘉木满陇花

“端午要到了，”吴叶展在长姐边上绕来绕去，“是不是该送节礼了？”吴家长姐又是好笑又是好气，白他一眼：“要吃粽子自己包。真馋了，自己进城去万隆买火腿粽——用你自己的零花钱。”吴叶展明知长姐拿捏他呢，少不得赔笑：“长姐，我岳家那里？”长姐一声冷笑：“还没成亲呢，就岳家岳家的了？”叶展脸上下不来，一跺脚就出去了。

其实节礼是早就准备好了的，长姐只是看不得弟弟这般模样，像咬了饵的鳝鱼，恨不得把整个家当都搬到张家去，怎地不去做倒插门呢？不过长姐知道这话不能说，若她说出口，她那个弟弟就有本事当天搬去入了赘。

第二日，吴叶展到底还是拎着几大包节礼过了门。除了长姐备好的这几样，他还偷偷进城给根花买了丰裕记的丝线，一共六十种颜色，光是绿就分七八种。怕手汗污了，先用油纸密密裹了，再用淡桃色的丝纸包上，最外面拿根丝带系上。丝带上吴叶展自己拿着毛笔用雄黄酒写上“端午安康”。

吴叶展天刚断黑就出门，兴兴头头从灵隐翻过山，走到梅家坞，看看日头，已经在头顶上了。吴叶展一气猛走，背上全是汗。忽然听得路边有人喊：“姐夫，姐夫！”一看，原来是小舅子张根荣和几个七八岁的孩子正在一处玩耍。“根荣，我来拜节，一起回家去吃糕。”吴叶展招呼。边上孩子们起哄：“你姐还没过门就叫姐夫！羞羞羞！”根荣忙改叫“哥”：“我姐在家呢，叶展哥你先走。”

张家的院门是用木槿篱笆扎的，这时正是木槿花盛放的时节，远远望去，真是红白紫绿，如锦如绣。院子里静悄悄的，张家人口简单，只得姐弟两个，父母想必出门干活了，弟弟正在外面野，根花文气，想必又是在屋里绣花。

张家是种花人家，有家传的熫花手艺，在梅花坞有个大暖棚子，再冷的天都能养出一室春来。吴家是种茶人家，在灵隐山下有大片茶园，祖传的炒茶手艺也是独一份的。灵隐寺的花是张家供的，茶是吴家供的，平时都在庙里进进出出。知客和尚入世法修得好，有一天忽然灵机一动，这两家真可谓门当户对，僧学月老，为两家牵了红线。借庙里大法事的机会，俩人相过面，根花是出了名的美人，叶展正在读书，一身斯文。双方均十分满意，当即定下了亲事。根花大三岁，女大三，抱金砖。

大门开着，叶展直冲到院里，朝里喊：“根花！根花！”半晌根花才说：“在堂屋里呢。”叶展一头闯了进去，见根花在窗口，借着亮，对着一枝芍药屏着气描花样子呢。根花不但人长得漂亮，一手绣活足以傲视全杭州，连吴记绣庄的绣娘也要敬她几分。家里就是养花的，打小就眼里全是鲜花，绣出来更是活灵活现。

叶展也不见外，自己倒了茶，一气儿灌了下去，便坐在边上，看着根花做活，不时地拿话逗她。根花冲了碗桂花藕粉给他，便低着头，手里绣活不停，只是不吭声。叶展看得心头发痒，恨不得今天就把她娶回家，不由问：“你爸妈什么时候才能放你出门？”根花头也不抬：“这事儿有问女家的吗？”叶展大悟，乐得合不拢嘴。

坐了半日，张家父母从花田里回来，根花已经做好了午饭，五个人一起吃了。根花做菜手艺也是一绝，应着端午的节气，做了一桌五黄，就是黄瓜、咸蛋、黄鳝、黄鱼鲞，每人再饮一小杯雄黄酒，算是一起过节了。根荣得意扬扬地说：“姐夫，这黄鳝是我这几天晚上去捉的，姐姐说你来了才能吃，你看，攒了这么大一盆呢。”叶展笑得心花都开了，少不得又偷偷塞铜板给小舅子。

回到家中，叶展便拿出独子的派头，找了当家的长姐劈头盖脸就问：“二姐上个月嫁了，阿姐什么时候帮我办喜事？”长姐很是惊异：“根花跟你说什么了？”叶展不悦：“她什么都没说。只是长姐你已经二十五岁了，我的事不办，你就不嫁，那蒋家都快急疯了！”长姐哼道：

杭州龙井茶园

"蒋家一股油酱气，我不想闻，让他们急去。"叶展跺脚："你不急，我还急呢。根花都二十了，就为了你不想闻油酱气，就让我们都等着？你若真闻不惯，每年我往蒋家送二十斤茶，让你当香料到处撒。"

吴家父母俱殁，叶展是独子，却是长姐当家。长姐早就和开酱园的蒋家订了亲，为着娘家没有人支撑门户，一直没嫁过去，蒋家几乎每节都派人来催，媒婆把腿都跑细了。订亲两年，根花也到了二十，叶展自己也急了："长姐你的心思我猜不透，但我不是女儿家，没什么不好意思的，明天我就请二叔去。"

当年琴棋诗酒花，如今柴米酱油茶。花是雅物无疑，茶却可俗可雅，只是杭州的龙井，从来不是大叶子粗茶，而是向来精细。因此杭州的种花人家和种茶人家，也比种稻种菜的身份贵重些，不但和读书人、庙里的僧侣多有来往，自家也往往有读书人。根花弟弟早早进了私塾，以后是要供他读书的。叶展父亲早逝，家中却依旧送他去读书，吴家二叔也是有学问的，是个秀才，现在衙门里当书吏呢。虽说比普通农民强些，也还是农家，没那么讲究，二叔的房头又隔得有点远，但到底是个秀才，出面娶嫁足够体面了。

无论长姐多么不情愿，二叔出面，三下五除二便将她嫁去了蒋家。蒋家在城里，很是富裕，蒋记酱酒铺原是有名的，嫁进了城，不用再去田里忙乎，这是高嫁。吴家应允，嫁妆之外，另外每年陪送二十斤龙井。这可是两亩茶园的出产，值二三十两银子呢，普通人家吃用一年都有余。蒋家很是欢喜，媳妇虽说嫁过来晚了些，但是陪嫁丰厚，能够当门立户，还把寺庙和几个大户人家的生意都带了过来。

长姐出嫁后，吴家就只有叶展一个人了，赶紧又拜托二叔，将根花娶了过来。张家明白吴家缺人，女儿过去就得当家，耽误不得，什么话也没说就答应了。

上轿前，吴家的迎帖送到了，根花打开一看，两人的名字端端正正写在一起："吴叶展　张醉槿"。根花原是小名，按风俗，嫁前由夫家正式取名上帖。那吴叶展来来回回问过好几回了："你喜欢什么花？"原来却是用在了这里。根花也上过女学，知书识字，见这两字甚是用心，不由抿嘴微笑。

盖着盖头，什么都看不到，根花正茫然着，忽听到一个宽厚的声音："大青娘，上轿了。"是大阿舅，边上人帮着根花趴上了阿舅的背，一路背上了轿子。轿子边挂满了茉莉，香飘十里。别家的茉莉本是白色的，但张家偏能种出红色的茉莉来，用在婚庆上又香又雅又喜庆。一顶轿子就用了半亩地的红茉莉，串就串了半夜呢。张家还陪嫁了一箱子书，张家祖上出过举人，这是他留下的。书是最贵重的东西，单独装在小箱子里，书页间夹着晒干的菊花瓣以避虫。

一行人吹吹打打，特意进城绕了一大圈，足走了半日。这花茶之家的娶嫁如此别致，杭州人本来就最喜热闹，这时都站在街上看。一会儿喊，这是什么花，茉莉香，颜色却是红的？一会儿又惊叹，陪送的有书呢，读书老爷家都陪不起书啊！张家和吴家的人都在轿边走，笑容满面，见到有上来招呼道喜的，便上去敬个茶包。一个小纸包，上面盖着双喜，打开一闻，茶香花香扑鼻而来，却是桂花窨的龙井茶，正好一杯的分量。

此时正是初秋时分，别家的桂花还未绽放，张家的桂花却已经可以摘了。吴家也特意采了秋茶，专炒了一锅。两家合一家，制成了桂花龙井，用来招待亲朋好友。桂花龙井的茶还用的是秋茶，桂花在杭州又是最为多见，因此价钱不贵，但是新奇喜庆，茶味浓花香清，便是当香囊用也是极好的。老百姓们极是喜欢。吴家长姐最是精干，蒋家酱酒铺当天就在柜上摆出了桂花龙井售卖。

桂花与龙井都是好物，不过本不是生在一个时令的。桂花香秋日爽，而龙井讲究的却是春茶，明前最贵，雨前次之。只是市井百姓哪管这些，秋茶香足味浓，物美价廉，再加上桂花香浓郁，茶香、桂香混作一包，人人只觉心旷神怡，妙不可言。吃茶嘛，大老爷有大老爷的吃法，小百姓有小百姓的吃法。

喜宴之时，只见宴上有一道龙井虾仁，乃是用龙井茶泡了汁子，将河虾仁浸了去腥后，以虾仁、龙井茶、温油炒制而成。清香扑鼻，温婉柔润，既合了主家的身份，又鲜美新奇，众人赞不绝口。又有一道桂花蜜藕，将糯米塞满藕孔煮至熟软后，浇上桂花调制的蜜汁，又香又甜又酥，晶莹剔透，还有个好意头。客人都赞，这花茶之间的喜宴，也是这般与众不同。原来这吴家有一房远亲，正是楼外楼的大厨，为了这桌喜酒，特意新创了两个菜式，这两道菜日后也成了杭州的名菜。

张家前几日来布置新房的时候，也替吴家栽了一圈木槿院篱，想来过年便也是那姹紫嫣红的热闹人家了。吴家的茶园原是靠些竹枝与隔壁间开，张家看那竹枝已经老旧枯黄，也都拔了，用新竹子重新编了，再用木槿花绕在上头。以后，看到那花田所在，便可知是吴家的茶园了。

醉槿嫁过去没多久，便是观音生日。她恭恭敬敬地抄了本佛经，自己拿针线装订成册，每一页里都夹了茶

龙井虾仁

叶和花瓣，又拿绣着莲花的荷包装了，让叶展送到庙里供奉。叶展看着这精致的手工，居然有些吃菩萨的醋。醉槿连道罪过，拿出一只新荷包塞给叶展，深蓝色的缎子，上面用七八种绿丝线绣着荷叶青蛙，里面装着桂花龙井，去秽醒脑。

送到庙中，和尚笑道："将茶叶夹在书里，压得这般扁扁，倒是很好。"叶展也说："龙井与旁的绿茶不同，炒制时必得压按，泡出来才甘爽。因此别的绿茶总是白绒绒一团，龙井却是嫩绿黄的一片。"边上的人都说："怪不得读书人最喜欢龙井，原来龙井最清爽，且还能当书签。"

来年开春，例必上贡，杭州的老父母年年都搔头，想有点新鲜花样，免不得跑去请教灵隐的高人。和尚指点，不妨将龙井茶夹在开了光的佛经里送上去，既风雅又别致。太后拿到后果然觉得甚是新奇，拿这茶泡了喝，居然止住了缠绵一冬的咳嗽，从此吴家的木槿茶园便成了御茶园。

杭州的龙井茶里，除了茶香，还有书香，有佛香，有花香，少了一种，都不是龙井。龙井茶的独特在于杭州的气质，这是谁都仿不出来的。

断头菜单故国情

康熙三年（1664），清朝入主中原已有二十年之久。然而天下未定，风波频起，仁人志士，齷齪小人，仍旧战作一团。

老百姓们虽已剃发，但是仍在悄悄传言，张煌言张先生仍领兵在海上与清兵周旋，只要还有人在打仗，这大明就不算完。

然而到了杭州最燠热的时节，却是满城响锣，满贴布告，因被人揭发，原本已经隐居的张先生竟被清人拿住了！布告上说，不日就将押解张煌言来杭州处决，让满城百姓到时候都去看。布告前都围满了人，只是识字的百姓不多，都扯着几个认字的求着他们念。但那些身着长衫的读书之人看完之后都一脸灰败，有些身子颤抖得连话都说不出来。布告前照例站满清人兵勇，持枪而立，对这些百姓冷眼旁观，但有一个不妥便要上前拿人。见认字的人不肯念，清人便派出师爷，大声将布告内容念了一遍。人群听罢便默默散去，又一拨人围了上来，相似的情形又上演了一次。到得傍晚，满杭城已无人不知此事。

那一晚，早早地宵禁了，清兵在路上来回巡视。满城空寂，许多人家甚至都没有点火做饭，等天黑了，便关上门窗暗暗垂泪。这大明，终是亡了！

没几日，张先生便被押来了杭州。一大早，清兵便驱赶了许多百姓前去围观，众人眼见涌金门里慢慢走入一行人，都是没有剃头的！当先的一位方巾葛衣，神态安详，后头的几个一脸倔强，头束发髻。百姓顿时哗然，挤上前去，想看清楚些。清兵挡都挡不住，只怕有劫狱的，便拿枪一阵乱戳。

年纪轻些的好奇地打量着，低声问长者："这衣服是明朝装束？"长者们使劲忍住眼泪："正是！这是我们正经的汉人打扮！现在再也看不到了，你们多看看，记着点。"当年清兵入城，屠刀上血迹未干，便贴出"留发不留头"的告示，几天之间，满城都改成辫子头。这故国汉人打扮，多年不见了！若不是张先生一行作此打扮，恐怕年轻人早就忘了这祖宗衣衫。看到张先生仍是汉装，不知为何，大家都忍不住眼泪。长街之上，一时之间哭声震天，纵然害怕清兵，这时却怎么也忍不住。张先生不由停下来，团团行揖礼："诸位乡亲，小心为上。我张煌言能当文天祥，是我的毕生志向。"百姓们早习惯了打千请安，此时见到汉礼，又是一阵伤心，哭声更响。

张煌言等人被押进狱中，等着秋后处决。张先生是在岛上被抓的，听说还是被人告发，身边部属亲随俱都大义凛然，随同就缚。百姓怕他们在狱中受苦，商量着轮流前去送饭。总督衙门上上下下收了许多钱后，终于同意在刑前能够让百姓们送上一顿断头饭。

农历九月七日，一大早，张煌言等人就起来束发整衣，自小在身边的亲随杨冠玉是个烈性的，帮自家老爷

张煌言

装束得当，便跪在地上叩头拜别："恭喜老爷，贺喜老爷，今日杀身成仁，全了忠义！"张煌言看着冠玉朝气蓬勃的面容，将他扶起来，难过道："冠玉，你尚年轻，本可以不用跟着我一起的。你再想想，说不定还来得及。"杨冠玉很不高兴："老爷这是嫌弃我服侍得不好么，我自然是要随着老爷去的，老爷去哪我也去哪。以后老爷被立了祠，我也要在边上吃点香火的。怎么，老爷不让？"边上关着的属下罗子木等人都笑起来："正是！宁当明鬼，不做清民，求老爷成全。"

一时之间，牢狱之中朗笑不绝，断头刀前，竟是人人踊跃，个个争先。

送饭的人抬着几大盒饭菜到了，原以为是愁云惨雾，凄惨难言，哪知只闻欢声笑语，不见一滴眼泪，不由得愣住了。本来眼眶里都是含着一泡泪的，只不敢掉下来，此时生生地憋回去了。

杨冠玉是做惯亲随的，平时琐事都是由他料理，此时见到送饭的，赶紧招呼："是乡亲们的心意吗？我家老爷谢了。让我们行前也能吃上一口饱饭。"说着作揖道谢。

这饭菜可不一般，由张煌言的外甥出面，在靠近牢狱的地方租了一个宅子，请了楼外楼的名厨，前一晚便带着全套锅碗瓢盆和几个小杂役，从西湖边搬到官巷口，这样炒完即送，还是热乎的。一大早采购的食材，大家一起帮忙洗切。杭州菜讲究的只有一个字：鲜。若要留得住这一口鲜，食材须得新鲜，料理须得清爽，搭配须得素净。但若只是这几点，也不算是杭州菜的精华。至

宋嫂鱼羹

于杭菜的精华所在，今天自然会呈现。

杨冠玉服侍张煌言在狱中的小桌子旁坐下，布箸置碗，准备停当。打开食盒，第一道菜便是宋嫂鱼羹。张煌言等人都是宁波人，平时吃惯海货，这时便尝尝河鲜。舀一调羹入嘴，张煌言不胜唏嘘：“便是如此。苍水（张煌言号苍水）懂了！”

见众人不解，张煌言问：“诸位吃这鱼羹，与我们平日里吃的鲳鱼羹、黄鱼羹有何不同？”诸人都尝了一口，众说纷纭，有说清淡的，有说用的是河鱼，还有说有点辣，杨冠玉也尝了一碗，笑道：“这鱼羹倒奇，放了胡椒粉呢。我们鄞（宁波古称鄞）人，只会放姜酒，哪里会放胡椒粉。”一语道破，众人皆恍然大悟。

张煌言举碗解释：“宋时我汉人也曾失落半壁江山，宋室不得已南迁至此。皇帝臣子之外，许多百姓也一起跟来。这鱼羹，便是一位南迁的普通小民首创的。那位小百姓是个女子，姓宋，因此这鱼羹也叫作宋嫂鱼羹。这宋嫂原是北人，开封府人氏，惯用胡椒等香料入菜。到了杭州，没了黄河鲤鱼，只得改用西湖鲢鱼，味道清淡了，可是这胡椒是不能不放的。”

众人恍然，原来这道菜的灵魂在于胡椒粉。当日种种，联想到今日情形，其中含义，哪有不明白的。

张煌言又道：“当日高宗游湖，听到叫卖者是北音，将宋嫂叫过来，吃了一碗她的鱼羹。谁知此羹味竟调和南北，加入了故园之思，不由得泪下沾衣，臣民相对而泣。从此，这一道菜登堂入室。岳飞、文天祥都常喝此羹，以警示不忘收复北地的决心。只可惜……”

说到这里，大家心下了然，再也说不下去了。今时今景，还不如南宋呢。岳飞被自己人构陷身死，文天祥被俘不屈终而被杀，这一碗羹，何止思国，更是刚烈之至。杭州虽处江南，但这一碗羹里却有铁骨铮铮的不屈之志。

众人一时默然。那几个送饭进来的百姓却忽然笑道："张老爷只管吃饱上路。到时候，我们必接了您的金身，葬于西湖边上，为您建祠焚香。到时候，您长享香火，我们自然长久相见。至于这宋嫂鱼羹嘛，我们也会常常供奉的。"

众人皆展颜，争着说："别忘了我，塑像不敢要，立个牌位就可以，到时候我们好分一碗羹。"

大家哈哈笑着，连尽三碗，此羹入口清淡，回味却是火辣辣的，甚是开胃。

接着又捧上笋片木耳炒里脊肉，只见白是白，黑是黑，肉是肉，片片分明。吃进嘴里，笋片脆爽至极。大厨知道张煌言一行都是鄞人，特意放了些用宁波人的方式腌的咸雪菜，更是入味顺口。

众人吃得欢喜不尽，连道精彩。张煌言带着部属在海上连年征战，鱼虾蟹贝倒是不缺，只是难得吃到蔬菜与肉类。尤其是笋，保存不易，出土二三日便坏，已是经年不尝此味了。

杨冠玉笑问："老爷，可还适口？"张煌言夹起一片笋，告诉众人："这是鞭笋，质地最是坚洁。这个季节春笋早没了，冬笋还未上市，杭州便吃鞭笋。那原是竹鞭的嫩芽，并不往上长，因此掘取甚难。这原是于谦于少保最爱之物啊，煌言何德何能，有幸吃到于少保的爱物。"

于谦乃是杭州人，家住西湖边，离张煌言等人所关押之处不远。于谦在杭州长到 23 岁，进京赶考之后便留在京城为官，几十年客居北地，于谦自然思念故乡风物，他最想念的便是笋，尤其是鞭笋，清是清，白是白，坚实挺拔，真如“杭铁头”于谦的为人一般。

于谦之事，人人知晓。罗子木当下长叹一声：“于少保临刑前，不知吃了些什么，想必是吃不到这一口鞭笋的。”又有一个属下笑说：“于少保因国殉命，极为壮烈，可是他死在京城，可没有我们有福气。”

送饭来的几位又郑重道：“张大人放心，到时候您的墓所，就在于大人的边上，您两位便看着这湖山美景，聊聊诗词文章。笋还不容易嘛，我们自然会常来祭拜。

于谦墓

到时候还拜托您两位保佑杭州一方平安。”

张煌言赶紧起身拜谢：“葬于西湖之畔，乃是我平生夙愿，我张煌言一介白身，怎么敢与岳飞、于谦这样的先贤英烈并称，也不敢有祠，但有一个小小坟头，可以让我在地下随侍先烈，便已知足。”

之后又上了东坡肉，众人大块吃肉，再想想当年这位被一贬再贬却仍轻杖江湖的东坡居士，只觉人生苦长，身死即是解脱。汤是火腿莼菜鸡丝汤，里面有姜丝，仍是丝丝甘辛回味。还有一坛秋露白，乃是用西湖水酿成，又浓又香，狱里狱外，共谋一醉，以壮行色。

酒足菜尽，饱腹的饭点却是猪头面饼和倒浇面。将猪头肉煨得软烂却不酥糊，又将薄薄的面饼做成荷叶状，几张春饼裹上涂了酱的猪头肉，一口下去，大呼痛快。那倒浇面更是爽利，一大碗面，另配浇头一碗，吃的时候将浇头热辣辣地倒下，速速拌匀，趁热大口下肚。浇头有虾鳝，有韭黄肉丝，有笋干豆腐，还有猪肝猪腰，各人按口味自选。

这些才是杭州的吃食，食材尽用当地，做法却广采南北，南人北食，所怀恋的是什么，不言而喻。

午时之后，张煌言一行慷慨就义。杭州人民为张煌言修墓于西湖南岸、南屏山北麓荔枝峰下。墓用砖砌成园形，墓碑文“故明苍水张公之墓”。墓两侧分别为与他同时被捕殉难的杨冠玉和罗子木墓。墓左前方还有张苍水祠，正厅有张苍水先生像，高三米，四壁墙上挂有八幅壁画，追述了张苍水从少年到就义的悲壮一生。坟前祠内香火不断，张煌言、岳飞、于谦为“西湖三杰”，长享祭祀。

张苍水先生祠

一顿饱餐，杭州菜的精髓尽皆呈现。清淡也罢，鲜美也罢，不过是舌之味，杭菜之精华，在于文化意味，在于南北融合，在于开放创新。与湖山一样，走一步便有一处题咏，便有一处人文遗迹。每一道杭州菜，背后的深长意蕴，也是一样托物言志，寄物抒怀，尽显千年古城，不断发展之新面貌。

杭州的造型谁也拗不出来

杭州开元宫中，一身道袍的张雨侍立于赵孟頫身侧，为赵孟頫伸纸研墨。窗外竹林森森，幽静至极，连竹叶飘落的声音都亲切可闻。赵孟頫写完一纸，搁笔静默片刻，走到一边："伯雨（张雨字伯雨），你来。"张雨走到书案前，重铺一纸，略加思索，落笔曰："纸糊窗，柏木榻。挂一幅单条画，供一枝得意花，自烧香童子煎茶。"写毕搁笔："呈老师审看。"赵孟頫细一看，微笑点头："这曲子写得好，意境甚佳。"张雨也笑："弟子听说过一个前人的笑话，有人希望苏轼品鉴自己的书法如何，长公却说，纸不错，墨也油亮可喜。老师只说曲子好，却不说书法如何，应是弟子的字不堪入目了。"

赵孟頫失笑："何至于此。你字、画、诗皆精绝，我本无以教你，厚颜承你叫声老师罢了。这曲子是写得真好，飘逸出尘，大合道法，只是你这几笔字却严谨端肃，一丝不苟。正仿佛府学老儒作小儿女态念作枝词，不免令人错愕。"

张雨呵呵直笑："老师说得是。弟子少时学儒，继而学道，再学诗，又学书，兼学画，几相杂处，一无是处。"赵孟頫却正色道："伯雨不必自谦，你开一代书风，

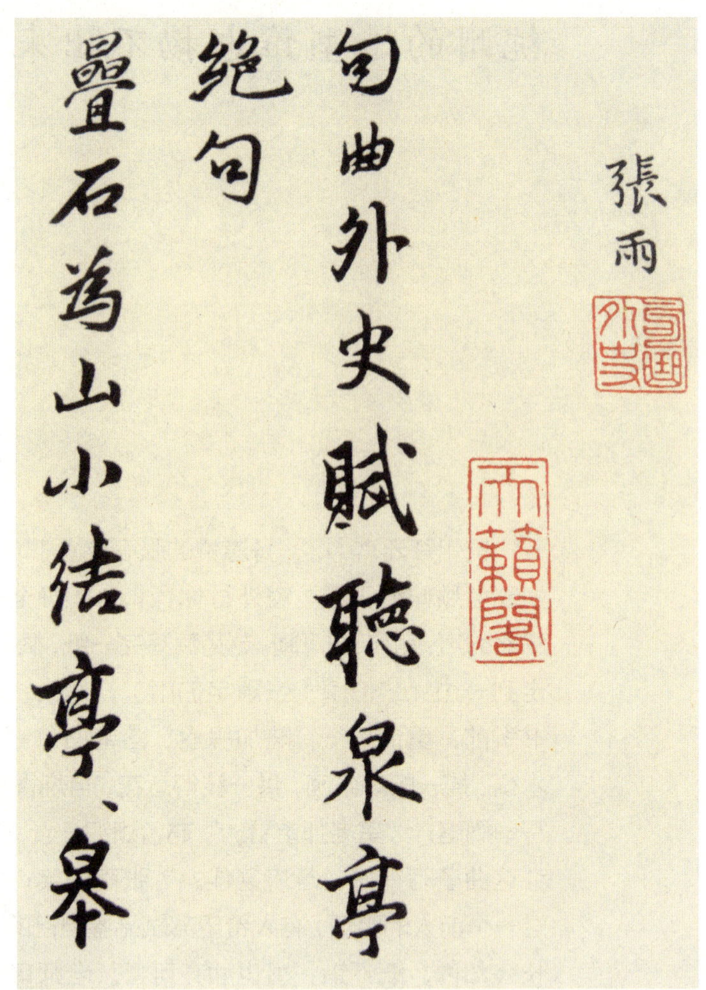

张雨书法作品

日后必为宗师。”

说着小道僮端上点心来，张雨赶紧给老师奉食：“山居观贫，无以为奉，还请老师不辞简陋，用点点心吧。”赵孟頫一看，一碗馄饨，一碗拌川，赶紧说：“观内茹素便可，不可为我破戒。”张雨为老师摆好箸勺：“正是素食，老师不必担心。”

一碗素馄饨，薄薄的面皮，里面隐隐透出青白之色，乃是以荠菜、笋丁加观内自制的豆腐为馅，又以豆芽吊汤提鲜，小小一碗，上面葱花浮动，汤清味美。又一碗素面，有笋干、香菇干、豆腐干、木耳、黄花菜等，用麻油炒了以为浇头，倒在面上，味道浓郁，香气扑鼻。一干一湿，正好相得。

食不语，两人吃毕漱口洗手，方坐下来，相对闲谈。想起刚才的吃食，赵孟頫笑言："刚北上去大都时，家母怕我吃得不自在，带了许多土产去。谁知到了那里，也是一般的吃面。"张雨也笑："正是。杭州与大都所喜的吃食，都是面。今日这两样，馄饨是面食，麦面也是面食，如今米粉竟不常用了。"说起此处俩人不约而同地想起家国之事，不由得一起叹息。

良久，张雨忽展颜道："自宋室南迁，此地一向南人北食，融会贯通，也未必不是好事。"赵孟頫也点头："我这次回来，见诸人聚餐，只是吃面，也未尝不可算是不忘北地了。"

正说话间，有个小道僮在外探头探脑，只不安生，张雨唤他进来训斥："老师在此，你作这怪样做甚？"小道僮缩着脖子，连忙通报："那扎马鲁丁已经在外等候多时，只想着拜会道长和赵先生呢。"

张雨忙向赵孟頫解释："那扎马鲁丁是负责织造纳斯吃的，现和丝绸织造局一起，别看他是个回回匠人，却独有见识，很是有趣。老师不妨一见。"

片刻后，扎马鲁丁兴冲冲地到了，讲得一口流利的汉语，见面即以汉礼作揖行礼，十分恭敬，满口说道久仰，幸甚。元人入关这些年，杭州作为江浙行省首府，交通四通八达，成了南方贸易重镇，世界各国商人往来不绝，各种肤色的番商层出不穷，大家已经看得习惯了。

有个叫马可·波罗的意大利人曾到过中国，据他说，在法兰西国曾拍卖一张世界海图，上面便标有杭州，此图珍贵异常，所标之地皆富庶至极，得其图者即可航达天城，跌入繁华之所。因此这些年，杭州的名声远播海外，陆陆续续来了许多人。回回与蒙古人向来盟好，人数尤多，对中原文化也甚是熟习。

扎马鲁丁坐定之后，便兴冲冲地与张雨讨论起昨夜的星象来，原来这扎马鲁丁还擅长观星。张雨自小修道，对于观星自然也颇有心得，俩人有来有往，说得很是投入。赵孟頫学问深厚，自然听得明白他们在说些什么，只是在边上看得有趣，眼见一个络腮胡子的回回，瞪着铜铃大眼，与一个颏下五络长须，道袍飘飘的道人，讨论些什么“紫薇”“流火”之语，不由得哑然失笑。

扎马鲁丁醒过神来，赶紧致歉：“下官自小喜研星象，不由忘情，失礼失礼。”说着拿出几把折扇，双手递过：“这是咱们丝织局用金搭子新做的丝扇子，敬呈两位。若不嫌鄙陋，也可以日常赏玩。”俩人接过，展开一看，只见扇面所用丝料厚密挺刮，丝底子似缎非缎，比寻常缎子更硬挺，且不易刮花勾丝，上面用金线织出各种图案，富丽之至。

这两人都是优游山林之人，尤其赵孟頫，讲究的便是复古两字，当时一见这俗世繁华，心中便不是很欢喜，面上不由得淡淡的。扎马鲁丁和文人们打交道早非一日，当下心中了解，另外又呈上几把：“两位请再看看这个。”

这几把打开之后又是另一番景象，宝蓝的底子上织着翠竹山石，竹梢还停着一只小蜻蜓，栩栩如生。张雨不由得叫一声：“妙！”又说，“可惜这宝蓝底子太尊贵了些，不合我道人的身份，否则倒是新奇。”赵孟頫也说：“这金搭子能够织成这般雅致，也真是不容易，只是这料子本身便是金尊玉贵，我等读书人可配不起。”

扎马鲁丁急了：“张道长，赵先生，此中关窍，我岂能不知。只是我们也爱这南边的文气，只想得些指点。这料子俗不俗气，该怎么做？但求二位点拨。”说着眼珠一转，想起刚才小僮端进来的点心，又说：“要说这杭州的好，不就在四通八达、五方杂处吗？古人只知这里是鱼稻之乡，哪知现在面食也如此受欢迎了。变则通，通则荣。我们江南的织锦和这回回的金搭子能不能交融，就要看读书人肯不肯出些主意了。”说着长揖到底。

张雨笑了：“这些工匠之事，我和赵先生并不知晓。我们只会看，不会做。不过你的想法很好，金搭子确也适合当扇面。到底怎么做，我给你介绍个懂行的如何？”扎马鲁丁大喜：“愿闻其详。”“我这小观原有个施主，正是织锦王家的家主，他原也常来寻我要些新鲜样子。”说着张雨转头向赵孟頫轻声道：“王铎便是他家主支的子弟。”赵孟頫恍然：“王家旁支原来还经营有织坊，甚好。”张雨回过头对扎马鲁丁说：“我将织锦王家介绍给你，可好？”

扎马鲁丁感激不尽，连连道谢，拿了张雨的帖子告辞而去。

张雨对赵孟頫告罪：“我这虽为出家人，实则杂务繁多，扰到老师清净了。”赵孟頫连连摆手：“无妨无妨。教化蛮夷，克尽中原之功，原是我辈之职。伯雨做得很好，这样日积月累，不怕这些都融入我中华文化。且此事对繁荣民生甚有益处，百姓衣食，我等岂可置之度外。”

又看着张雨点头："你也不必整日将我这个老师挂在嘴上，我欲行复古，你却还是尚意，笔下无虚，我看得清楚。"张雨吓得赶紧站起来，躬身垂手请罪："弟子不敢，并不敢自作主张，实是学艺不精。"赵孟頫微笑："我也并不是这样泥古不化之人。各人有各人的路，你虽是道人，也不一定要写那飘然出尘的字，与性情相合，方是真意。"

赵孟頫原是从京中回来，给家人立碑的，路过杭州，在观中住了几日，便回乡去了。张雨却仍是游历四方，寻求自己的道。

第二年，还是这个时候，张雨回到观中，照例泡一杯茶，静坐冥想。小道僮来报说扎马鲁丁与王织头一起来了。延客入室，扎马鲁丁摸出一大把扇子，排在几上。王织头一一打开，只见或月白或浅湖蓝或灰黑色的底子上，赵孟頫、杨载、虞集、范惇、张雨等人的书法作品都织在上面，底子不像原来那么厚实，更为轻灵结实，织锦线比原来细了一半，图案遒劲有力。

如果说去年这些扇子是王公贵族手中的权柄，厚重辉煌，那今年这些便是文人常持的爱物，雅致轻便。张雨连声道好，没想到汉人的织锦术与回回的金搭子混在一起，竟成了这独一份的好东西。

扎马鲁丁神秘一笑，又取出一个长长的布袋子，从里面倒出一个卷轴来，和王织头两人一起打开，竟是一幅织锦的书法立轴。所织正是张雨的《登南峰绝顶诗草书轴》，以方瘦长曳、虚实变化之笔，在行气、章法上用对比度特别大的疏密聚散和激越跳荡，呈现出一种隐逸文人孤傲不群、颇为偏激的风格。更绝的是，款字本用极细小的行楷书写成，在上面也用极细的丝线织就，清晰至极。这幅半人多高的大立轴以苍秋为底色，边角

张雨画作

处浸淫以老黄之色，仿佛积年的古迹，上面墨色浓淡深浅，变化一如原书，连飞白处都半点不漏。

边上服侍的小道僮早惊得呆了，把眼睛凑上前去，看清了丝线经纬，这才相信是织的：“道长道长！这莫不就是鬼斧神工！这得花多少功夫啊，你看，连原纸上这个小墨点也织上去啦！墨在纸上浸润开来，一层层深浅，这到底是怎么织出来的呢？”

扎马鲁丁与王织头相视一笑：“这不仅要技法相通，还要改良织机。若光用一方的技艺，是织不出来的，全靠大家通力合作，互相倾囊传授，这才有了现在的成品。”小道僮大声说：“这还得要有我们道长的书法！”“正是！正是！”大家一起点头。

张雨从眼前这幅作品中醒过神来，眼前竟有金光乍现，隐约摸到了道之门槛。书、道、技，这些都是相通的，不拘于一家，不囿于师承，不泥于古人，这才能成就道之圆熟。

也就是在杭州这样的地方，佛、道、文、匠、南、北、中、外……才能水乳交融，化为精品。这个城市天然就有开放的精神，就有吸纳多方文化的能力，再加上杭州底子里就有的雅骨，才能成就这独一无二的城市气质。

第五章

人间梦都

引子：八百年前的城管

南宋绍兴年间，秦桧独相十七年。自从他带着家眷仆从和无数金银珠宝从金人那里回来之后，宋金之间就订立了和议条约，条约中居然规定南宋不得罢免秦桧的相位。这背后到底藏着什么用意，呼之欲出。朝堂之上虽然秦氏独大，然而民间悠悠众口，可不是能堵得住的。

这一日，一向井井有条的临安府忽然大乱，府衙兵丁、街道司众人穿街走巷，不知在找些什么。临安知府曹泳亲拟公告，贴于市坊各处，原来是秦相家的宝贝孙女丢了一只猫。秦桧的养子秦熺有个女儿，名叫秦童，年方八岁，出生没多久，秦桧就替她讨了一个封号"崇国夫人"，因此她小小年纪，就被大家称为"童夫人"。这位童夫人年纪尚小，喜爱宠物，养有一只名贵的长毛"狮猫"，平时总由婢女抱着，跟在童夫人身后。

据说某一日一早起来，狮猫居然不见了！童夫人一大早必须要撸猫，此时不见了猫，便放声大哭。那抱猫的婢女见大事不妙，已然投井自尽。家中全无线索，又哄不好童夫人，只得拿了秦家的帖子去了知府曹泳的府上，请他帮忙找猫。

禮既退遂奏待罪朝廷爲降師試爲泉州兵官云
秦會之初賜居第時兩浙轉運司置一局曰箔場官
吏甚衆專應付賜第事自是訖其死十九年不罷
所費不可勝計其孫女封崇國夫人者謂之童夫
人蓋小名也愛一獅猫忽亡之立限令臨安府訪
求及期猫不獲府爲捕繫隣居民家且欲劾兵官
兵官皇恐步行求猫凡獅猫悉捕致而皆非也乃
賂入宅老卒詢其狀圖百本於茶肆張之府尹因
嬖人祈懇乃已其子熺十九年間無一日不鍛酒
器無一日不背書畫碑刻之類

陆游《老学庵笔记》中童夫人的记载

临安知府曹泳，本是宋仁宗皇后曹氏的五世孙，曾资助过落魄的秦桧，秦桧得势后，便着力提拔曹泳，曹泳遂反过来全力巴结秦桧，此事众人皆知。此时得知此事，曹泳不管三七二十一，便当作天大的事来做。到得午饭时，连高宗皇帝都听说了此事，当奇事与韦太后说起。太后一生历经磨难，见事甚深，当即便道：“此事背后必有隐情，官家可详查之。”然而高宗一生隐忍，用人只重才不重德，只说：“他们如此做，必有缘由，随他们去罢。”太后见儿子如此，便也没再说什么。

曹泳找不着狮猫，无比烦恼，叫了府衙官兵及街道司的人来训斥。尤其是街道司，日日上街巡查，角角落落都了如指掌，岂能找不出一只猫来。骂过手下，免不了要去秦府谢罪。

到了秦府，却是秦桧亲自出来接待。曹泳受宠若惊，连连告罪："这等小事，惊动丞相，是属下的罪过。"秦桧却一脸恨铁不成钢："曹兄，我府中养猫无数，你可知为何是童儿失了猫？"曹泳一脸茫然："为何？"秦桧怒道："这事何止是冲着我来的，也是冲着你来的啊！"

原来，曹泳将自己的女儿嫁与秦熺为妾，秦熺的正妻乃是前宰相郑居中的孙女，这位童夫人便是郑夫人嫡出女儿，因此两者之间多少有些牵扯。

想到这里，曹泳说道："原来如此。"却仍是满心迷惑。

秦桧屏退左右，对曹泳说："岳飞伏诛之后，他的尸首忽然失踪，此事你可还记得？"曹泳激灵灵一抖："这等大事，岂能忘却？难不成是那岳飞……闹鬼……"秦桧恨声斥道："哪有此事！当日岳飞尸首不见之后，原地画有一朵荷花。这次童儿的狮猫不见了之后，原地又出现了那朵荷花！显见这是一人所为，他既能偷了尸首，也能偷了猫，便能不知不觉盗走你我性命！"曹泳一想，冷汗直流，急忙向秦桧问计保命。秦桧道："此事不宜声张。为今之计，以猫为线索，找到了猫，自然就找到了人。"

曹泳一听有理，回去便大张旗鼓，命人画了一百张猫的图像，贴于临安城各处，并悬赏百金。另严令街道司，务必逐寸搜索地皮，非将这猫找出来不可。狮猫皮发最长，且雪白蜷曲，极为好认，本是极好的线索，万无找不出来之理。

临安本是极致繁华之城，街道司诸人每人月薪“钱二千，青衫子一领”，对街区的管理也是划片包干，分内职责都有明确规定，包括整修道路、疏导积水、清理街道，整顿市容等。对自己辖区内多了根草都一清二楚，再不可能有瞒过他们眼睛的。然而几次搜查下来，竟是毫无所得，连猫毛都不见一根。当日岳飞尸首忽然不见，街道司也曾闭城大搜，却一样毫无头绪，连个脚印都没见着。现在又是同样的情形，秦桧和曹泳不由得气急交加。

秦桧亲自坐镇，曹泳连下官令，临安府衙属全城大搜。这只猫绝不是普通市井所能有的，一见便知，这临安城内人家密接，绝不可能凭空上了天。

曹泳命令街道司众人易区而搜，互相换地方检查，又命府兵也参与其中，可还是没有线索。倒是在路边捡出不少铜板、戒指、耳环之类的小东西，想必是经年失落的。秦府方圆几里都干干净净的，别说猫，就连猫毛都没有一根。曹泳亲自上街，果见街上青石板锃光瓦亮，街边水渠清可见人，连青苔都没有一块。路边杂草俱已拔去，干净整洁。老百姓们照常在街边摆摊做生意，见到官兵过来，个个神色漠然，视若无睹。

曹泳叫了管秦府边上地块的几个街道司的人过来，仔细询问，这四人均道毫无异常。曹泳灵机一动，叫来府兵给这四个搜身，这些做活的人身上不过一领青衣，随身带些扫帚竹铲之类，再搜不出东西来。曹泳又叫人去这四人家里搜，翻箱倒柜，大人叫小孩哭，也不过些锅碗瓢盆，柴米油盐，并无特殊。

实在没了法子，曹泳便将秦府边上的百姓全都抓了起来，拷打讯问，甚至闯入这些百姓家中翻找搜寻，一时间满城大乱。

街道司的四人被放回家了，眼见曹泳转而又去折磨百姓，他们也颇为难过。其中一个叫李安的特别不安，几次欲言又止。另外三人却对他视而不见，后来李安实在耐不住，想说什么，那三人便对他怒目而视。拐过巷口，眼见得没人了，他们中的大哥张勇拉过李安便是一个耳刮子："有什么话你烂在肚子里！"李安垂泪道："可是那么多街坊都被抓了，这可怎么办呢？"张勇大怒："你说了他们便不被抓了？"李安连连点头："我省得我省得。"四人使一个眼色，各自分散回家。

闹了几日，依然毫无头绪，那猫便和岳飞的尸首一样，从此无影无踪。秦桧怒不可遏，大骂曹泳无能，要换个顺手的临安知府。曹泳慌了，赶紧用金子打了一只大猫，托秦桧的宠姬送了过去，这事才算平息。

没过多久，秦桧便病死了。宋高宗二话不说，立即将秦桧安插在朝中的人手全部贬黜外地，秦熺、曹泳自然首当其冲，秦熺被迫致仕，而曹泳则被贬新州安置。

曹泳出临安去新州那日，一出门便见满地垃圾土石，车子都过不去，欲待发怒，只见张勇在旁冷冷地看着他。亲随下车大骂，附近的百姓只说："大人还是自己打扫吧，这一大早的，我们还都有事要忙呢。"

待秦党扫尽，这一晚街道司诸人忽然聚在一起，往学士坊方向而去。只见他们到了之后，与边上百姓打个招呼，大家心知肚明，赶忙散开守住巷口。街道司诸人来到一处井边，见井旁隐约可见香烛的痕迹，知道是有人祭拜，遂也取出香烛，一起拜祈。拜毕之后，便有一人扎上口鼻，下到井里。那井早就枯了，黑咕隆咚也不知有些什么。半晌，只捞上来一具猫骨，别的什么都没有。

邻居们得知街道司在此捞人，便有一个老人过来轻轻道：“岳家那银瓶女投井当天，我们半夜里便着人捞起来了。连她抱的那只银瓶一起埋在院中，就在那株梅花树底下，还是你们原来那位王管勾看着埋的。怎么，你们不知道？”

众人恍然：“王管勾早就投了军，他并没有说起此事。”老人又说：“这些年，香火祭祠一直没有断过的。我们不敢在树下烧，怕露了行迹，只在井边拜，倒是让各位误会了。”看了看那具猫尸，老人又道：“这只倒灶的狮子猫，也是你们扔过来的吧？扔得好，凭什么他秦家女儿作威作福，这岳家女儿便形单影只，连个伴儿都没有。”

街道司众人摇头：“并不是我们做的，飞檐走壁，到秦府里偷只猫出来，我们没有这样的本事。但我们分管各街坊，有点风吹草动都逃不过我们的眼睛。那天清早，

岳飞塑像

李安便看见了秦府墙外的脚印和猫毛，他赶紧告诉了我们，又抹平了痕迹。我们一路换手追到了此处，大家一起动手，将痕迹抹得干干净净。那些猫毛，早就捡得一根不剩，全都烧成灰埋了。”“也是追到此处，我们才知那人是要抢了猫给那可怜的银瓶女。”众人叹一回，又说一回，将猫骨也埋在树下，照例将痕迹抹得干干净净，方才散去。

回去路上，衙道司众人见百姓都已散去，方聚头议论：“那岳将军的尸首，是否到了该安生下葬的时候了？”那一日半夜，有人背缚着岳飞的尸首，自大理寺奔出，翻过钱塘门边的城墙，来到北山外的九曲丛祠旁，将岳飞安葬。过了几日，他还去立了一块碑，上面写着“贾宜人之墓”。

这一切，都瞒不过街道司的眼睛。是他们抹平了足迹，擦掉了城墙上的血迹。那位盗尸之人单枪匹马，当晚只是草草下葬，还是街道司众人第二日偷偷运了上好的棺木过去，将岳将军好好落葬。若没有街道司，也不会有这插翅无踪的飞贼。

这世上便无不漏风的墙，岳飞的坟前常年香火不断，老百姓都相传，在九曲祠边，常有岳将军显灵，求什么灵什么。

众人商议下来，还是不惊动岳将军的遗体为好，就让岳将军在那里为百姓显灵吧，待时机成熟了，再风光迁葬。

这就是临安的街道司，他们对于所辖地区管理精细至极，与百姓水乳相交，将整个城市的秩序整治得井井有条。

忽撒的异乡归真

忽撒第一次踏上杭州的土地时，觉得世界仍在脚下晃动。一方面是因为坐了大半年的海船，走平地也像是踏在波浪上；另一方面是因为他完全被眼前的景象弄迷了眼，搞晕了头。

他还记得自己在家乡的城堡大门口被执矛的兵士驱赶的情况，他也记得当他走入家乡的城市，那破烂的街道与颓唐的人群让他何等沮丧。然而在这里，甫一上岸，他便拿到了一张地图，上面清晰地画着何处可以换取入关文书，何处可以歇脚，何处可以兑换货币。甚至，如果你愿意出钱的话，还有专门的马车等着带船上的人进城。

拿着这张地图，忽撒的手在发抖。在他家乡所有人的记忆里，地图都是比金子更贵重的东西。忽撒能够来到这里，就是因为他所在的家族抢到了一张海图，上面粗略地标注着“杭州”。所有的人都知道，那里是天城，天上的城市，无与伦比的繁华。为了这张海图，忽撒死去了两个骁勇善战的叔叔。最终，忽撒凭着海图，带着满满一船货物，和父亲一起，到达了这里。

他真不敢相信，地图这样珍贵的东西，居然不用一文钱，便轻而易举地得到了。已经有水手在为仓库卸货了，接驳的小船整齐有序地一列排开，准备将货物接回。市舶司的官吏早已等在岸边，一边检查货物，一边计税，同时安排好了仓库。看到忽撒父子，有人熟练地用家乡的语言向他们打着招呼，并且叫来了同为阿勒颇人的吏员。

忽撒的父亲图格里激动得浑身颤抖，他的一只手冰凉，另一只手滚烫。他将两只手紧紧地交握在一起，喃喃道："我兄弟的两条性命，值了！"

作为并不富裕的远航商人，父子俩舍不得雇用马车，他们背着简单的行李，按照地图的指示走进了杭州城。从港口到城市路途并不算近，然而大家一路步行，都不觉辛苦，毕竟已经几个月没有踏足陆地了，每一步都觉得很亲切。

凤凰寺

走进杭州城，作为穆罕默德最虔诚的信徒，父子俩首先便奔向祷告的场所。地图上标注得很清楚，那儿叫作凤凰寺。在太阳即将落山的时候，他们终于赶上了今天的晚祈。远远便看到了寺前一片白色的头巾长袍，随着阿訇的指挥起伏着，父子俩终于松了一口气，到家了！

一起做完祷告，很快，图格里和忽撒就融入了穆斯林兄弟当中。他们被带到了第三街区，那里是伊斯兰教徒居住的地方，那里有清真寺，还有宣讲员，街上的汗沙绸缎织成的衣服，一切都让他们觉得仿佛回到了家乡。

显然，这里的人们对招待新来的穆斯林商人很有心得，据说每月都有大量的海外商人来到这里，在适合航海的季节，几乎每天都有。每一个来到这里的兄弟，都得到了妥善的安置。这里的长老很和蔼地对图格里说："你的儿子会在这里找到合适的姑娘的，你们就放心住下来吧。"

除了穆斯林以外，这座城里还有许许多多来自世界各地的人，比如第二城区就住着犹太人、基督徒。他们可不像穆斯林那么好认，各种血统、各种面容、各种肤色、各种语言都混杂在一起。时间久了，忽撒与各种各样的人都打起了交道，他这才发现，原来自己的这张海图如此简陋。杭州城里那些坐船来的人，好多来自他根本没有听说过的地方。

住下来以后，在兄弟们的帮助下，图格里父子开始慢慢地脱手货物，采购当地的物品，准备下一趟航行。

他们发现，光是杭州城内就有药市、花市、珠子市、米市、肉市、菜市、鲜鱼市、南猪行、北猪行、布市、蟹行、花团、青果团、柑子团、鲞团、书房等集市，所售物品五花八门。实际上的市行肯定不止这些，它们散布在城市各处。

杭州人烟稠密，街市居民主食稻米，但也非常爱吃面。米铺等直接关系民生的铺子在城市各处都有设置。另外杭州城还有为数众多的茶肆、酒肆、分茶酒店、面食店、荤素点心铺、肉铺、鲞铺等。

还有各类分工细致的服务行当，光是一条街上就有五熟行、香烛行、银行、玉麈行、度生行、浇烛打纸印马行、篙师行、净发行、裁缝行、锦鳞行、碧缘行、漕行、五色行、正冠行、双线行、糖饼行、果行、彩帛行、厨行、饭食行、酒行等。

四面八方的百货都聚集在杭州，且杭州人喜欢将当地的特产用产地的名字命名，比如湖之丝，嘉之绢，绍之茶、之酒，宁之海错，处之磁，严之漆，衢之橘，温之漆器，金之酒，等等。

忽撒父子再看看自己带来的货物，不禁有些惭愧。当时未能想到杭州竟然繁华如斯，所带的货物未免太普通了些，好在杭州除了有港口之外，还有一条内陆运河，可以载着货物去往四面八方，因此，在这里什么都不愁销路。

卖光了带来的货物，又装满了一船的货物，图格里对忽撒说："你就留在这里，一边学习汉语，一边学习怎么开店铺，不要再在船上浪费时间了，海上有我就够了。"图格里将忽撒送进了专门为波斯人开设的汉语学堂，学习中国的语言、文化和商业，自己继续在海上跑船。

第二船，本钱充足的图格里带来了更加精美的工艺品和奢侈品，比上一船货物抢手多了，几乎是一抢而空。再下一船，图格里带来了忽撒的堂兄弟们，除了一个已经结婚的堂兄，余下的都进了汉语学堂。

忽撒非常勤奋，他不仅学会了汉语，甚至会学着作诗了。他和在一个学堂里学习的同学们都成了好朋友，其中有一个回回人，是当地官员的儿子，叫纥力罗。纥力罗非常好客，在他生日宴的时候，邀请了许多同学前去游玩，忽撒也去了。

非常有意思的是，宴席是设在船上的，客人很多，分坐好几条船，舟子划着船在西湖上闲逛，船与船之间隔得很近，不但能听见对方船上的丝竹之声，还能隔着船舱互相笑闹。在这个宴会上，来的不止是外邦人，还有好多中国人，他们穿着长衫，笑容可掬，吟诗作对。

纥力罗的父亲也来了，他所在的船更大更豪华，上面的人当然年纪也更老一些。忽撒远远看见许多高鼻深目的人也和汉人穿着一样的衣衫，行着一样的礼节，也拿着毛笔，在纸上作画写诗。

过了不久，长老果然实现了自己的诺言，将一位漂亮能干的姑娘带到了忽撒的身边。图格里老泪纵横，自己这一家终于在杭州安下了家，在天城也有了自己的一席之地，即将在此开枝散叶。图格里决定为儿子举行盛大的传统穆斯林婚礼。

忽撒广撒喜帖，除了清真寺诸人，还把自己的同学朋友都找来了，尤其是汉人朋友，对忽撒的婚礼格外感兴趣。按汉人的风俗，吃喜酒是可以带着自己的家人甚至亲朋一起去的，听说可以观礼传统的穆斯林婚礼，这些朋友们非常兴奋，又带了许多朋友来。

到了婚礼那一天，现场人头攒动，都往前挤着看新郎新娘。全世界的婚礼都是一样，人越多越热闹，主人便越是开心，得到的祝福也就越多。图格里乐得合不拢嘴，大把地撒着蜂蜜糖果。席上大家唱着汉语、阿拉伯语、波斯语的歌曲，乐成一团。

人越挤越多，越挤越紧，忽然，喜棚塌了！幸好这棚只是临时搭建的，塌下来不过几块红绸子把一堆人都裹住了而已，大家哈哈大笑，甚觉有趣。忽撒很是感动，自己的婚礼惊动了小半个杭州的人，这是何等福气。

眼见到自己儿子完成婚礼，能够独挡一面了，图格里就坐着船回了家，再也没来过。但他把忽撒和他的子孙留在了这里，船行之前，他对忽撒说："以后你将会生活于此，安葬于此，在你的墓碑上，请不要忘记将我这个老父亲的名字也一起刻上，就当我也在这里。"又说："感恩天城接纳我们，但是永远不要忘记我们的母国，我们的信仰。"

忽撒的堂兄弟们有的继续跑船，有的在杭州开了店铺，还有的开起了小作坊，各有各的营生。忽撒却只喜欢读书，他开了书画铺子，送自己的儿子去汉人的学堂上学。但无论如何，该做的礼拜他们从未忘记。

忽撒的儿子出生在杭州，有了杭州的户籍，也就有了科考的资格。被红绸子裹过的婚礼是受到祝福的，这样的婚姻生出来的孩子是被祝福的。后来，忽撒的儿子当上了一个小官，他带领着整个家族，正式成为了这里的一员。

忽撒过世后，完全按传统的穆斯林仪式举行了葬礼，他被埋在凤凰寺后面的回回墓地里，他的墓碑上用回文刻着："图格里的儿子。在流亡中归真即是殉道。"

在遥远的东方天城中，来自远方的人抵达了流亡的终点，最终归真殉道。

只有真正高维的文明，才有襟怀与能力，接纳一切前来投奔的生命与文化。这些生命与文明又将反哺这一文明，让它不断地在吸纳、变革中延续、进化。而杭州，正是具备这种文明的城市，海纳百川，和而不同，方能成就这方繁华。

蒋检阅的元宵茶肆

又是一年元宵节，陆游坐在蒋检阅茶肆中，与三五好友闲聊。多年不在临安过春节了，这番热闹场景着实惊到了刚从严州回来没多久的陆游。

蒋检阅本是宫中专事点校书籍的史官，正儿八经的读书人，不过本朝不轻视商人，士子与商人通婚的不在少数，蒋检阅娶的便是大茶商家的独女。岳家财大气粗，又精通茶叶，专为蒋检阅开了这家斯文买卖，也好给清贵衙门里的女婿一些补贴。城中士人、官员专爱光顾蒋检阅茶肆，只因这里不但地方宽敞、隔间幽静，各色茶汤也是应有尽有，只要你能报得出名的，一会儿工夫便送到面前。更兼地段便利，还常能遇到朋友，更是尽兴。

此时过节，蒋检阅本人也在茶肆中，和陆游等人坐在阁内清谈，头顶上悬挂着斗大的月色大泡灯，将众人须发都照得清清楚楚。刘过看着案上陈设的波斯琉璃盏，笑道："这果真是玻璃盆倾琉璃水也。"林升却将眉头一皱："这临安总是如此，一股子脂粉气。"马远赶紧打岔："放翁在福建为茶盐使，于斗茶一道该是精通了吧？"耽于福州道上，壮志不得酬，这本是陆游的伤心事，蒋检阅赶紧打眼色。陆游却笑道："不妨事。现已回来了，官家正叫我好生磨炼武器呢，钦山再胡说，我就将他那几支画笔都撅了！”

马远还来不及回嘴，忽听外面人声喧哗，却是来了一个傀儡戏班，角儿们衣装鲜丽，珠翠冠儿，腰肢纤袅，原来是个女班。街上本有很多拍番鼓儿的人，敲着水盏，打着锣板和鼓儿，三五为队，带着一两个小孩子跳舞唱小词，这时正好凑趣，也围着一起打转。众人看得有趣，纷纷撒钱。蒋检阅也叫人拿了铜板出去，当街抛了一气，众人争抢，又是一乐。

只见戏班子往前去了，便有三两着青衣的街道司人，前来清扫街道，整理街边，叮嘱各家今年尤其要小心火烛。又有衙役或着便装，或着役衣，在街上往来巡视，遇见泼皮偷盗的，当即捉拿。只见人头攒动，不见半点乱相。陆游自己原是能吏，为官多年，亦曾任严州知府数年，深知其中关窍，当下不由得暗暗点头。这京师管理之细致入微，果然远胜他处。

离二更还有一阵子，刘过道：“不若我们也来斗茶？”众人叫好。蒋检阅忙说：“诸位请待，我这里有临安府山上产的团茶，可有兴趣一赏？”大家只知茶是福建的老茶树好，并不知临安也做茶，当即鼓掌。蒋检阅着人拿茶来，陆游拿在手上一掂：“略轻。”闻一闻：“草青还可以再杀一杀。”又捻下一小条放在舌尖一抿：“放一放更好。”蒋检阅一把夺过：“陆公！你莫不是在福建验茶还未过瘾？节后开朝，我会与官家说去！”陆游大笑：“陆某放诞平生，大不了独自仗剑北上。你便说去。”

正说笑着，林升忽站起身来，走到门口，手拿串钱分发。众人一看，原来是慈幼局的差人带着孩子们也出来看花灯。孩子们由大的牵着小的，最小的抱在奶娘怀里，开开心心逛着街。大孩子们手上拿着自己制的小灯，有小兔子形的，也有小莲花形的，小巧玲珑，甚是可爱，却是拿来出售的。大家见孩子手工精巧，只只用心，都拿了铜板来买，又不免多塞几钱。马远眼尖，看准一只上面写了诗词的谜语灯，买回来众人猜。刘过和陆游看上面字迹虽稚嫩，构思却巧，不由连连勉励，林升更是和这孩子说，日后若是功课有不懂，尽管来大井巷林家找。

这临安城内设有慈幼局，收养孤儿，官家自会供米给钱治病，还会让他们上学，施行教化之功，其中也有用功的，诗文都不错。

不一会儿，忽然又人声鼎沸，原来是临安知府赵不流坐着小提轿路过此处。赵不流卷起轿帘，坐在轿中满面笑容，两边不时遇见同僚友人，免不了两手一直拱个不停。远远望见蒋检阅茶肆，知道里边熟人最多，早早伸出头来观瞧。见到刘过、陆游一行人，赶紧致意："几位官人好！请恕在下公务在身，就不下轿了。有什么事只管找蒋检阅，他才是地头蛇。"蒋检阅等人也回礼："老父母辛苦了！何不下来吃口茶再走？"赵不流点着蒋检阅："你这猴儿！也不瞧瞧后头。"

原来知府出巡，只是个领头的，身后各种舞蹈队前簇后拥，加上围观人群，长达十多里路呢。陆游难得在京师过元宵，不知此处的规矩，忙问："老父母这是去哪里？"说话间赵不流已往前去了，朝后喊道："陆公一行不如也一同前去热闹一番。"马远等人忙告诉陆游，最后队伍会到市西坊，那里有座临时搭的大台子，上面摆着用米糕做成的盆子，内点油灯，照耀夺目。到时候临安知府会登上高台，与民同乐。几人一想到那赵不流平日里不苟言笑的模样，不知站在台上受众目投注时，是何模样，不由得失笑。怪不得他要坐轿前往，这一圈绕下来，怕不要二三十里路。

只见跟在知府身后的各支舞队，真可谓花样百出。舞队原是民间的游行表演队伍，为了犒劳他们表演辛劳，官府特地准备了钱酒散给他们。眼见边上维持秩序的冷面帅臣们，也笑嘻嘻摸出赏钱来给他们。蒋检阅更是在自家茶店门口摆上大桌子，上面放满了各色茶汤、梅子酒、雪泡酒等茶酒饮，让舞队们自行取用。更有街边小贩一路跟随队伍，四处兜售，这时节，他们不但不会被驱赶，还有钱领呢！街坊做生意的店铺商家，也一起散钱给他们。

陆游眼见这繁盛至极的场面，拈须顿首，这般面面俱到，实为大不易！

林升笑道："我一介白衣，倒是几位怎地不往丽正门去？"这几位都是不喜往上凑的，这时只想偷个闲。实则二更左右，大家都会去丽正门看灯楼，那会儿皇上会坐着小辇，登上城楼看风景。

到时候烟花大作，只见"金炉脑麝如祥云，五色荧煌炫转，照耀天地"。杭儿风一刮，看热闹的百姓太多了，常常有被挤倒的。皇帝下了城楼后，还会设宴招待文武群臣，这时知府也带着大支队伍到了，正好喊市井舞队来表演助兴。

此时大家都往丽正门方向一拥而入，清河坊反而略显清静。趁这机会，忽见一辆辆粪车停在各家后门及都厕门口，当晚人头涌动，想必恭桶早满，因此粪车早早来了，预备今天要多跑几趟，只见粪夫们往来迅速，快手快脚清理干净，装车而去，预备明早开了城门卖与花农、菜农。

不一会又见水车到了，水车今晚已经来过数趟，虽有水井，今晚这么多人，怕是不够。更何况此处茶铺饭庄，要的都是山泉水。蒋家茶铺用的水，便都是从虎跑拉来。水车一到，各家各户抓紧时间清理恭桶，擦洗各处，但见污水秽物都顺着门前水小渠往城外流去，水渠但有阻塞，必立刻有人来清理，务求水流畅通。最后泼水净街，拿竹丝扫帚扫得干干净净。等烟花放毕，又将迎来下一波人流。

蒋家也派出人去清理自己门前地块，只见小二们急急忙忙来到街心，弯腰捡拾，原来人潮拥挤，落了一地的钗儿环儿珠儿簪儿，此时都归了小二们。临安近来流行珠饰，珍珠最容易跌落，此时都当作小彩头，便宜了这些小的们，小二们在灯下细细寻找，很是发了一笔小财。忽有一个小伙计，举着一支点翠金簪来给蒋检阅，原是太贵重了，怕主家来找，不敢私昧。过一阵，又有一个小伙计，拿着一块羊脂玉佩过来，这是文人贴身宝物，也是不敢拿的。蒋检阅都叫柜上大娘收起来，明日必有人来找。

陆游眼见这儿不到一刻，一转眼已经清清爽爽，规规整整，不由得心情大畅。这一套下来，真如行云流水，丝丝相扣，环环相连，处处妥帖，不由叹道：“没想到赵公真好功夫也，交管得这般精细周全。”众人皆笑：“哪里只是赵公的功劳呢，这知临安府换得这般勤，想用功也来不及。原是这城中人人尽责，自成环扣，无须鞭策。”陆游点头：“这一城繁华，可要靠我们守护。”

刘过携住陆游的手：“走，当中我们几个安步当车，去看鳌山，与官家一起凑凑热闹。”南宋都城临安的居民们能看到的最恢宏的灯景非“鳌山”莫属：“一入新正，灯火日盛，皆修内司诸珰分主之，竞出新意，年异而岁不同。往往于复古、膺福、清燕、明华等殿张挂，及宣德门、梅堂、三间台等处临时取旨，起立鳌山。”

鳌是神话传说中驮着东海上蓬莱、方丈、瀛洲三座仙山的大龟，鳌山就是将花灯层层叠叠堆成大鳌形状的灯山，极为壮观的同时还十分精巧，连皇家都参与制作：“禁中尝令作琉璃灯山，其高五丈，人物皆用机关活动，结大彩楼贮之。又于殿堂梁栋窗户间为涌壁，作诸色故事，龙凤噀水，蜿蜒如生，遂为诸灯之冠。”到了二鼓时分，连皇帝都要特意来观赏元宵灯山的盛景：“上乘小辇，幸宣德门，观鳌山。擎辇者皆倒行，以便观赏。”

等陆游等人慢慢走到，皇帝已经看好灯，去大宴群臣了。人群稍稍散去，卖浮圆子的小摊贩开始叫卖。蒋检阅逐家看去，停在一个王家小旗下，招呼众人来吃：“这家好。汤清圆白，馅料是芝麻炒香，加以猪油，想必香滑。我们吃这家。”几人便坐在街边吃起浮圆子来，只见火烧旺了，锅中水滚开，白白胖胖的圆子都浮上了水面，煞是可爱。

几个人都擅诗，此时不由得起了诗兴，正在凑韵，忽然来了另几个士人，也是看中了这家，来吃圆子，却是周必大等人。周必大一看这几人情形，便知他们要吟诗，击掌大乐：“我才得了一首。这下你们可比不得我快了。”话音刚落，那做圆子的王姓小贩竟麻利地从板下摸出一副笔墨来，殷勤笑道：“几位老爷一看便都是大才，小的侍候笔墨，也求老爷们赏几个字。”说着伸纸研墨，眼巴巴看着。

周必大哈哈大笑，便在吃圆子的桌子上写下一首《元宵煮浮圆子，前辈似未曾赋，坐间成四韵》：今夕是何夕，团圆事事同。汤官寻旧味，灶婢诧新功。星烂乌云里，珠浮浊水中。岁时编杂咏，附此说家风。

写罢掷笔，拿过一碗圆子，持勺四顾，踌躇满志。众人哭笑不得，蒋检阅偷过身做个鬼脸："周相公必是在王大妈妈家喝多了梨花酿。"周必大以宰相之尊主盟文坛，为人最是端严整肃，此时却像个小孩一般争先恐后。边上诸人想笑又不敢笑，不笑又不欢喜，只得忍着大笑，勾起嘴角吃圆子。

见这儿热闹，售卖各色小吃的小商贩们赶紧推车过来。他们推着的车子也装饰得热闹非凡，是些"镂钥装花盘架车儿"，就是镂刻花纹且用黄铜镶嵌的小车，在美食四周簇插着节令应景的"飞蛾"装饰，大声叫卖吆喝，争相用精致华贵的"金盘钿盒"装满食品，送到这些士人跟前推销这"市食合儿"。

卖的全是些应景的吃食，有乳糖圆子、科斗粉、豉汤、水晶脍、韭饼，南北珍果、皂儿糕、宜利少、澄沙团子、滴酥鲍螺、酪面、玉消膏、琥珀饧、轻饧、生熟灌藕、诸色龙缠、蜜煎、蜜果、糖瓜蒌、煎七宝姜豉、十般糖等等。

周必大一一问过价钱，努力板起脸："今日怎地比往常贵了一倍。"小贩们纷纷讨喜："今天连官家都给我们撒了钱呢，这般精致的吃食，平日里哪里有。这价钱不贵。"刘过忙说："乳糖圆子好吃，刚才我们吃了浮圆子，是煮的。现在再吃个炸的，团团圆圆的岂不正好。"

小摊们得了笔好生意，欢欢喜喜做了吃食呈上。又有卖花的，芙蓉绣球应有尽有，原是用了暖棚才种出来的。

陆游冷眼看去，只见卖吃食的收拾残羹自入一桶，卖花的把残枝仍扎了塞回车中，离去之时，原地略无残余，街净如初，想来平日时各司各处教导有方。周必大虽是醉了，做惯政务的人，也随时留意这些细节，自是暗自点头，与陆游道："此处百姓，颇伏教化。我等正宜励精图治，早日救北民于水火。"

一个城市若想承载住繁华之重，没有精细入微的管理，没有尽职尽责的调度，没有各司其职的分工，是万万不可能的。闹而不乱，本就是最难的。杭州能够不断发展、扩大，日益繁盛，离不开自古以来健康运转的城市管理系统。

许叔微在临安城中的一天

临安多雨，春雨淅沥，夏雨滂沱，冬雨缠绵，唯秋高气爽，正是一年远足时。这一日，正是仲秋，层林尽染，放眼千里。临安府学教授许叔微一早闻到桂花香，便带着杭州府学的学子们，登山游学。

府学就在吴山脚下，山虽不高，却延亘起伏，伸入城内，左带钱塘江，右瞰西湖。由延绵的宝月、娥眉、浅山、紫阳、七宝、云居等小山组成，春秋时为吴西边界，故名吴山，山上有子胥祠等古迹。许叔微带着大家缓步行山，边走边讲吴越争霸的历史，旨在激励后进们勿忘靖康耻，学越王卧薪尝胆，早日收复北地。

登上山顶，众人都有些许薄汗，微风拂来，不胜豪情。立于峰顶，只见吴山山势起伏，绵亘数里，直探入城。雄浑之江奔腾于南，明媚西湖辉映于北，东边是天街御道，朱门绮户，直达凤阁丹墀的皇城。北面则是河坊街，商铺店号，鳞次栉比，市列罗绮、户盈珠玑的繁华就堆陈在吴山脚下。登临览胜，左湖右江，前街后市，满城秀色，奔来眼底。

众人正心旷神怡间，精研《伤寒论》的许叔微不忘

许叔微

提醒大家，及时拭汗，以免风寒入体，冷热交攻。众人连声道谢，纷纷取巾帕拭汗，更有好学者抓紧机会，吟诗作画，求得许教授现场指点。

忽然，有学子指着山下居民众多处惊呼：“着火了！”大家忙定睛望去，果然黑烟窜起，正是有处民居不慎起火。

临安城房檐相接，俱为竹木屋，一家着火，不免累及旁邻。更兼百姓所居，多是单间窄小，却多达数层，底下则为店铺或作坊，一旦起火，不仅居无所，连衣食生意都受影响。众人甚是着急，只是远水难救，只得在山上跺足。

幸好这是白天，火头一起便被察觉。只听九米高的望楼上铜锣急急响起，白旗连挥，指示失火的方向。从山顶看得分明，当即便有一骑“望火马”飞驰而去，想是去飞报巡检。

巡检一时未到，专管这一片厢的分巡检便已听锣见旗赶到，跑前跑后指挥呼喊。只看山下，没一刻，便又有军巡使等官吏带着水行人赶来，一行人穿着上绣番号、以区别各军的“火背心”，拖着水龙。

那失火的本主与邻里也没闲着，早早将附近井盖打开汲水，又敲门求边上富户打开蓄水池，拿着水囊、水袋、水桶便去灭火。

此时火行人已经赶到，军巡使指挥得当，令军民各司其职，排成长龙，方便传递。因着火点是在楼顶，又搭云梯登上楼，以沙袋压灭火苗，最后用火龙和唧筒将燃着的屋子彻底地冷了，以免死灰复燃。其间巡检赶到，也站在边上指挥组织。

这次火头不大，又扑灭及时，损失不算太大，但也烧损了几处屋宇，又经水浇沙覆，现场颇为狼藉。火彻底灭了之后，巡检还不走，在屋边反复打量，叫了军巡使来，带人拿了锯子斧头将烧焦的木头彻底拆去，以免日后再次塌陷害人。

分理本厢的分巡使早已跑去将负责此处的虞候、街道司等人叫来，维护秩序、保护财物、清理污物等。等火行人收拾了唧筒、水龙等物回去之后，焦烟断木也都被拾走清理，街上的沙子污泥也被铲净，路边的清水渠重新被清理干净。

安济院的人也听到了消息，带着医者赶到，安置受伤诸人，为失火者准备吃食住所，以免冻馁。

山上诸学子眼见得只一个时辰，一场小火灾便消弥无形，一切井井有条，不由叹为观止。有个不懂事的说："怪不得百姓们说在山上看火烧是个乐子，原来果真好看。"被许叔微听到，不免挨了一顿训斥。

眼见天色不早，许叔微指着山下向诸子解说，临安城之所以多火灾，实是因为南迁人太多所致。看这山下城中，屋与屋相挨，人与人相挤，刀剪铺旁便是绸缎店，岂能不时时失火。临安繁华若此，亦当受此苦。

又讲解各司该如何协调运作，各司何职，为何而设，如何勘定职责，奖勤罚懒。这些政务实操，本是经史子集中所未有，然而各位学子中进士之后，便是百姓的老父母，一枝一叶总关情，正好借此机会授课。

学生们听得如痴如醉，许叔微却忽地醒道："今日午后本是去居养院出诊的日子，却被这山上耽搁了。且下山去罢。"带领大家重回府学后，许叔微即刻坐轿前去居养院为孤寡老人诊治。

许叔微本是内科圣手，秋冬交替之际，老人易得时疫，居养院便求上门来。医者仁心，一听为此，再无有不应者。

居养院专事收养鳏寡孤独、贫病无依者，与抚养弃儿的慈幼院相隔不远，许叔微常常两边都去看一看。进了大门，只见居养院冬暖夏凉，所用炊具器物描金绘彩，极尽精致与富丽，甚至被褥都是绫罗棉毡，生了病有名医诊治，朝廷待孤老们着实不薄。

院内诸人见了许叔微都十分欢喜：“许教授来了。”纷纷上前伸腕求诊。许叔微坐定，医童铺纸研墨，老人逐个上前，居养使立于一侧。居养使日常负责老人们的衣食住行医养，对每个人的情况都非常熟悉，此时一一道来，清楚明白。

许叔微诊罢脉，问过几句，便开方子写医案，居养院自会有人前去抓药熬药，十分周到。诊罢天色已晚，许叔微略感疲倦，但还是单开了几服防疫汤，细细叮嘱居养使预防之法，日常饮食需注重之处。

類證普濟本事方卷第一

治中風肝膽筋骨諸風

治肝經因虛內受風邪卧則魂散而不守狀若驚悸

真珠丸

真珠母 三分研細同碾　當歸　熟地黃 各一兩半

人參　酸棗仁　柏子仁 各一兩　犀角

伏神　沉香　龍齒 各半錢

右為細末鍊蜜為丸如梧子大辰砂為衣每服四五十丸金銀薄荷湯下日午夜卧服

獨活湯

卷一　萃古齋

许叔微撰《类证普济本事方》书影

正欲离去，忽见嵇清走入。嵇清乃是外科圣手，接骨之术出神入化。原是院中有老人跌倒骨折，遂请了嵇清前来诊治。嵇清带着儿子嵇胜，俩人都是大嗓门，身手矫健。见了许叔微，嵇清很是欢喜：“许教授，来来来，我给你看个好东西！”说着便从腰后拔出一把铁制的大剪刀，头钝吻长，锋利无比。见许叔微一脸怔忡，嵇清甚感得意：“可知此为何物？”许叔微哭笑不得：“在你心中，我便是这般于庶务一窍不通？此是剪刀，难道我认不得？”嵇清连连摇头：“看看与凡剪有何不同？”许叔微略一端详：“大凡剪子，顶头是尖的，你这把却是圆头。且体形硕大，寒光闪闪。你这杀胚，是想拿着去将金贼剪作寸段不成？何苦挥舞凶器，吓煞此处老人。”嵇清大笑：“虽不中亦不远矣。头圆不易伤人，刃利可剪包布。以前包扎完毕撕麻布甚是辛苦，现在只要一剪！”说着咔嚓一声作势，极为过瘾。

许叔微摇头：“铁者易锈，若沾到血肉，会得破伤风，极难医治，到时候我可不帮你善后，不如换把铜的更妥。这等好铁，何如拿去铸剑，也好多杀几个金贼。”嵇清连连称善：“没想到这小小临安城中，竟也有如此好铁匠，不但技艺精湛，且千俐百巧，一说便通，我已将他荐去军中铸器。”许叔微点首微笑：“你可知这是哪里？这里本是古越，越国铸剑之术，天下无双，造把剪子又有何难。”

嵇清点头：“自南渡至此，能人巧匠果然层出不穷，哪怕是这能官干吏也比北边的多了，老百姓更是灵醒勤苦。这城中虽然拥挤，然而井井有条，事事有序。你看连这居养院，都是一番好光景。”许叔微叹息：“确是如此，怪道林升要吟‘直把杭州当汴州’。繁华有序确是好处，欣欣向荣本是你们乐见，官员百姓每有创见，且能落到实用，更是朝廷之福。只不知何时能够养精蓄锐，报了北边这仇。”

两人相视默然。当时看这等荣盛，哪里是北贼所能比的，人人都觉得必将一举反攻，迎回二圣，夺回失地。哪知国破山河在，城春草木深，有宋一朝，终于南向。只是杭州城却像被激活了一般，从此活力长存，将务实、守序、细致、创新的精神传承至今，造就了一座千年不衰的古城。

第六章

交通活城

引子：坐于水网中央

清光绪六年（1880），上任不到半年的浙江巡抚谭锺麟，在府上大摆宴席，说是为着给三子延闿做百日。谭府张灯结彩，大张旗鼓，广宴宾客，着实热闹。

这个小儿子实是庶出，且是婢生女，生母据说生下儿子后仍是个丫头，未能收房，至今还站在主母身后侍候。谭大人素有官声，又是出了名的守礼法，这样一个老派人，得了庶子，不将生母收房，倒摆起大宴来，让人很是摸不着头脑。

年近花甲的谭大人在门厅延客，老脸板得一丝笑容也无，知道的是他新得个了儿子，不知道的还以为要上大堂。客人们接了帖子，无不受宠若惊，都早早来了，见此情景，也不敢造次。

厅内不闻欢声笑语，只有窃窃私议："听说三少爷出生前，谭大人做了个梦，说是何凌汉穿戴齐整来了，猛一惊醒，原来是生了个这个儿子。莫非因此，这才如此重视这个老来子？"

"何凌汉是谁？"听者一脸糊涂。

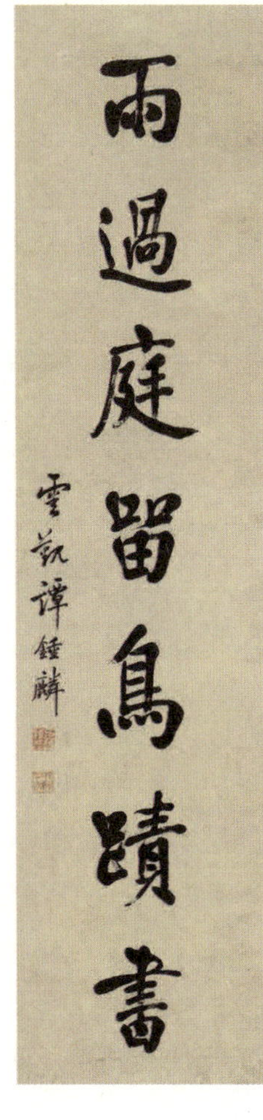

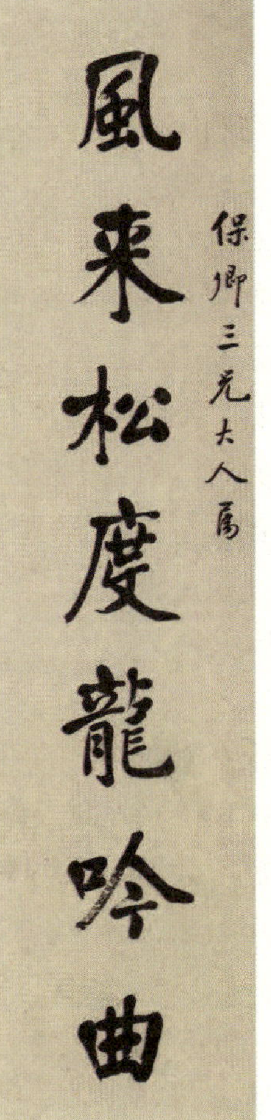

谭锺麟书法

“哎，你个不晓事的，也是他们湖南人，嘉庆年的探花郎啊！”

“嘉庆年间？那不是百年前的人物么，怎地会来杭州拜会谭大人？”听者更是一头雾水。

说话人将手指头直戳到对方额角上，真是恨铁不成钢：“所以才神异啊！莫不是探花郎转世投胎？因而才当回事嘛。”

"哦哦哦，原来如此。"

谭大人还在门厅处迎客，已经到了的客人坐在厅中互相招呼，人越到越多，众人渐渐回过味来："今儿这么大阵仗，只有这几桌么？还是另有几个厅，客人互相不见面？怎么这儿全是咱们粮商？""这府不大，并无其他大厅，看来请的就是我们这些粮商了。""巡抚大人给儿子办百日，不请同僚，不请士绅，不请官商，只请了我们粮商？"做粮食生意的都是家资丰厚、走南闯北之人，见机甚快，此时已经明白过来，巡抚大人说是给儿子办百日，只是个名头，实则就是想把杭州城里的粮商全都请到府里来。

想到谭大人在陕西任上的所为，应该也是个能臣干员，不似酷吏。只是素闻此人行事果决，手段高明，不知这次在他手底下会不会少块肉。都是卖粮人，杭州的情形大家都心里有数，这两年的年景不好，听说官家的仓廪都快空了？

大家互使眼色，这可是鸿门宴啊，吃他一顿谭家宴，要叫我们割肉捐粮？

说话间，谭锺麟一脸正气地陪着王老板一起进来了。王老板乃是杭州城里最大的粮商，面团团富家翁，满脸堆笑，显是对内幕全然知晓，只是一字不露。众人不由得都在肚子里骂一句："肥狐狸！"

腹诽归腹诽，还是得先贺巡抚大人喜得贵子。那探花郎转世的老来子被奶娘抱了出来，胖嘟嘟，额心被涂了一个小红圆点，甚是喜庆。此时尚无人知晓，这小子日后竟能十三岁就考中秀才，二十四岁当上会元，中了进士，后来更成了国民政府主席、行政院院长，比他老爹声名更响。此时小胖子被抱在怀里，很敷衍地转了一圈，被大家瞧了几眼，说了几句吉祥话后，便被抱回了后堂。众人想看看那位大着肚子从陕西任上被带到杭州的丫头，却未能如愿。

谭大人团团一揖，对众人的到来深表感谢，略略客气了几句，便请管家将众人所送的喜礼拿了上来，满满当当一个托盘。刚上任的巡抚大人亲下帖子请大家来吃百日宴，这红包岂有不厚之理？谭大人朝盘子一指："多谢各位厚爱。今日的礼金，谭某厚颜收下了。杭州粮仓已空，便充作购粮之资，到时还请诸位通力合作！"

来了，果然如此。到底如何个合作法，大家都打点精神，湖南官话不好懂，一个字也不能漏掉。只听谭大人痛陈自己刚在陕西抗过的缺粮之苦："陕甘陕甘，只有苦啊！莫得运河，莫得漕运，就莫得粮食。本官只好奏请朝廷，向广东福建借钱呐，那里有水，有水就有活，借了钱才把粮买上，才没饿死人。本官心有余悸呐！所以本官一到任上，就去看粮仓，本官是饿怕了啊！杭州是鱼米之乡，坐在五水中央，应该是天下粮仓啊，满仓满谷的，看看也能饱肚。谁知打开仓门，里面连只老鼠都养不活！从粮仓出来，我就去市场上看了。我看到百姓都在拿荸荠当饭吃！诸位都是做粮食生意的，对于粮食，比我懂。请大家说说，本官该怎么办？"

众商家早有准备，听了开头，以为又要让各户纳粮，便各自在肚里盘算，自家有多少粮可捐。这本是常规操作，众人都习惯了的，自然也早就留出官府的那份。只是枪打出头鸟，这会儿谁都不会先讲，单等王大老板表态，大家减量跟上便是。

谁知王老板咳嗽一声，扬声道："各位兄弟莫慌，谭大人不是来让我们捐粮的。捐得了一时，捐不了一世，把我们的商粮仓库都捐空了，也是杯水车薪。”

众人大奇：“这话虽是说得明白，但不教我们捐粮，又为何把我们叫来？”

原来谭锺麟真个不一般，陕西缺粮，他借了外省的银子购粮。浙江缺粮，他却准备清查土地，核实漕平，更定厘税，疏浚河道，鼓励商运。近几年，江南大乱，漕运停顿，但这运河上的船工号子一旦重新喊起来，杭州就能重新运转起来。杭州位于杭河大运河的开端终点，又坐落在五水中央，四面八方的粮食都将经过这里，只要多造仓，实现高周转，这里自然而然便能成为天下粮仓，何愁无粮？

这位积年的老官当过布政使，当过巡抚，眼光毒辣，一眼便看出盘活整局棋的关键就在于运河。有了水，就有了路，有了路，自然便有了粮。当时的粮食运输，漕运乃是最经济可靠的运输方式，杭州城既然有这天然的水网优势，何愁无粮？这里可不是陕西，不但是稻米产地，更是交通枢纽。

他召集众人来，并不是要夺这些商家手里的存粮，而是鼓励他们发展商运，依托运河，以杭州为中心，沟通四方漕运。也请他们不要哄抬粮价，自然会有人前来以平价收购粮食，以充官仓。至于真正的粮食丰足，都要靠漕运，让杭州成为四方粮食的运转中心，自然会有大量的粮食存储在此，以备中转，缺粮问题便会从根本上得到解决。

为了支持漕运，衙门不但重新核定了税收，更雇佣了大量贫民疏治运河乃至各个支流，这既解决了漕运的后顾之忧，又给了衣食不给的民众赚工钱的机会，让缺吃少穿的灾民顺利度过了灾荒年。

最终，由城中士绅出资，采购了十万石粮食，分别储存在永济仓和义仓，以备不时之需。这两个仓库都是旧仓，储量有限，即使扩建，周边土地也有限，便又由官府出面购买霞湾民地十亩，再建仓廒。工程从谭锺麟初到杭州时的 1879 年动工，到两年后他调任陕甘总督时尚未竣工。临行前，他以“以仁致富，和则义达”之意，把这个运河边的新仓库命名为富义仓，并关照后任，要关注仓储，“散而积之，无方其数，为民忧”。

富义仓造福后代，一直作为积谷仓，遇有灾年，政府就开办平粜进行赈灾。和富义仓一起参与赈灾的，还有一个比它历史更久的仓库，即建于明代、位于钞关街的仁和仓。

商运重新兴盛之后，江涨桥东北的仁和仓、广安新

鸟瞰富义仓

桥旁的广积仓、宝善桥西的永济仓、城内义仓等纷纷启用，每年进入杭城的大米多至数百万斛。

1884 年夏天，历时四年的粮仓终于建成，共耗白银一万一千两，仓房共四排，可储存谷物四五万石，时人把它与北京的南新仓并称“天下粮仓”，“北有南新仓，南有富义仓”成为一时之谚。曾官苏松太道的藏书家应宝时所撰的《新建富义仓记》，以纪实笔法描述其格局规制：“富义仓十亩地，为仓四、为廒八十，容谷可四五万石……其东筑楼三楹，属司事者居之。其西创屋一区，为砻场，驾乌犍以转环之，向南葺屋，为碓坊。”

隋代江南运河开凿以来，杭州的湖墅就是南方漕粮汇转之地，从大关桥到卖鱼桥，两岸官办粮仓、私立米行仓库林立。

杭州自古繁华，湖墅一带在乾隆时代就有皇帝下江南的御码头、拱宸桥，此地的仓储制度，从运输、储存、装卸、搬运、包装、流通加工、配送诸环节，自 11 世纪时起就相当完善。虽然由于战火影响及运河淤塞，政府和商家不得已尝试漕粮海运，但谭锺麟在杭州督造的富义仓，以及部分恢复的运河交通，还是解决了当时的粮食问题。

富义仓等一批仓储建筑的建成使用，使得城北尤其是湖墅一地的经济在运河的滋润下获得了快速提升。在运河的加持下，湖墅、拱宸桥一带的商业，已居全杭城第二位。全城碾米厂有百余家，从武林门外的和丰、宏源、郑德裕，沿着运河一路往北数到拱宸桥，就有四十家，分布最为密集的则数仓基上到康家桥，富义仓到紫荆街运河两岸之间地带，多达二十八家。据光绪年间的《湖墅小志》记载，那时候的湖墅地域上也要比今天大得多："湖墅乃北郭一隅尔，推是广之则自武林门下至北新关，以及西则钱塘门而抵观音关止，东则艮山门而抵东新关止。"

杭州是一座因水而活的城市，自建城以来，其繁荣就与运河有莫大的关系。现如今，虽然运河的运输功能弱化了，然而这条河的文化意义却从未断绝。杭州之所以一直能够保持着开放的城市姿态，与千年运河流转密不可分。

西划船家青娘进了城

西湖之上，欸乃一声山水绿，小船摇出水湾湾。湖上数只西划船儿，悠悠荡过。船上一个黑脸汉子意态恭谨，撑着篙，将船驶得又稳又静。船上的小舱内竹帘卷起，几个头巾长衫的读书人正在把盏畅谈。

忽然一只小船箭一般驶近，船上小哥老远便朝这里喊："老常老常，你家娘子要生了啊，是个横胎。你快些，转家去请大夫来瞧！"黑脸汉子听得手忙脚乱，赶紧入舱告罪："我家那个不争气的婆娘连个孩儿都生不好，几位老爷恕罪，我先岸上去。"

舱内诸人连声道快去，主人张岱更是站起身："不如我们一起拢岸罢了。"老常慌忙道不用，那位来报信的小哥自会替他撑船。这时舱中有个七八岁的清秀少年却站起来，从随身荷包里摸出一只亮闪闪的银锭："老常拿着，请大夫不用花钱么？"老常就手一看，这银锭小巧精致，簇刮拉新，上头印有祥云蝙蝠等图案，显见得是过年节时长辈赏了随身带着讨吉利的，这怎么敢要！少爷却热心，直塞上来。几个大人笑道："人家哪里敢接！"说话间，长随已经拿了碎银子来赏了老常，少爷这才收了自己的银锭。

张岱像

这边小哥已经跳船过来，老常便跳过那边的船去，使桨飞也似的去了。这小哥却是个话多的，看着老常的背影叹气："老常没有儿子命啊，娘子前头三个儿子都没立住，现在第四个了，本来以为是生惯了的，结果又是个横胎。"

这几个读书人本是常常在湖上流连的，杭州读书人素有湖上读书的传统，行舟水上，吟诗作对，读书烹茶，不亦乐乎。张岱用惯了老常的船，对他颇为惦记。老常话不多，心却细，常娘子烧得一手好船菜，熟知客人口味，夫妻俩这些年来也颇守规矩。

一个多月后，张岱又邀友人去湖上，到了码头，只见老常已经躬身候着，常娘子正蹲在船尾洗涮，头上绑着块白布，背上有个小婴儿，正吃着手指，乌溜溜的眼睛，很是可爱。那位少爷也随着一起来了，跑到船尾，蹲下来朝小婴儿张了半天，又拿手指小心翼翼地戳了戳婴儿粉嫩的脸颊："这是个姑娘还是个小子？"老常略有遗憾："是个小青娘。"

船摇出到了湖心，便放桨停下，让小舟随波荡漾。老常在船侧放着几张小网，此时正好收网。一张细网里面都是活蹦乱跳的河虾，正好用梨花白闷了做醉虾。另一张网拉上来却是两根巴掌大的鲫鱼。鲫鱼拿来烧汤最好下奶，老常轻轻把它们收入鱼篓，这下自己家青娘有奶喝了。还有一张网里却是一尾草鱼，尾巴微红，通身青白，常娘子即刻接了去，新鲜活跳的最好，可以做醋鱼。

又是浮生半日闲，上岸之后，老常用青草系了两尾鱼，又用荷叶包了几根茭白，交与张家的管家。张管家付了铜板，又叮嘱道："明日请早。"

第二日，老常早早地就进城到了张府。原是张府的井好久不淘了，底下淤泥太多，水浑浑的，且出水不畅。

西湖是城外头，在杭州人看来，进城是大事，吃西湖饭的百姓等闲是不会进城来的。买东西要进城，修补农具也得进城，老常一年进城几次就够了。每次来，他都能看到街坊里巷里都有一口口井，边上总是围着人，不是洗衣服就是洗菜，要不就是往来打水，有些人什么都不干，就是凑着井台边人多，好谈闲天。

因此老常知道，井对于杭州城里的人家是十分要紧的。大户人家都会在自己家里挖井，为了怕着火，还会在井边列一溜大缸，存着水好救火。

这是老常第一次进张府，忍不住四处打量。张府共有三进，房子的瓦是有花纹的，屋子里有浮凸木雕，还有一根很粗从下至上一根木头的大柱子，刷着红色油漆。

房顶两侧的屋脊上装有五脊六兽，窗前的瓦檐是带花纹的瓦片，怪好看的。

张夫人身边的婆子赶出来接着老常，带他到井边："这井水原是甜滋滋的，夏天生喝了都不拉肚子。最近也不知怎么了，越来越浑，味道还发苦。且水越来越少，下去一桶，倒要带上来小半桶泥。想是底下淤着了。常师傅你水性好，这便帮我们淘淘井吧。"

淘井是件大活，淘井的人须要连续作业，不能间断，必须在一天内完成，否则水漫上来就白淘了。还须有多人合作，先要在井上提水，把井水全部淘空，然后下到井下，一锹锹把淤泥等杂物挖出来，用工具运到地面。府里的老人都说，这口井以前从没淘过，那里面有多少淤泥和杂物，不得而知。

之所以请了老常来，原是因为西湖隔二三年必得清一次淤。西湖底下最多香灰泥，软软黏黏，时间长了会发臭，荷花鱼苗都活不了。因此每隔几年就会清一次泥，用栏子将水域隔成一片一片，把水都舀出去，再将香灰泥一担一担挖出来。这泥十分有营养，用来种菜种花简直是神品。清淤之时，农民们都等在湖边，上来一担买走一担。更有意思的是，那泥中什么都有，白玉印章黄金头面，成套的杯碗，甚至整架车子——想是车夫喝醉了将车子驶进了湖里。因此挖淤的还要负责将那些东西从泥里清出来，老常便是个中好手，淘井其实也是一样。

淘井须得选个日头好的日子，且先要拜井神。掐着吉时点燃三炷香，所有参与淘井的人敬天拜地，还用了一整个猪头当供品。府里的丫头婆子小厮们齐刷刷站在边上，像看大戏似的看着这跪拜的情景。老常嘴里不停地叨咕着什么，让这个仪式变得越加神秘。

仪式完后，大家就开始了淘井作业。一些年轻人轮番提水，水被一桶一桶提上来，灌到旁边的花圃里。要把一口井淘干，确实不是一件容易的事，这需要大伙儿齐心协力，不间断地作业。一早上大家都在轮流着进行，歇息的人躺在地上喘着粗气，闭着眼，等着轮换。老常成了大家嘴里的“常爷”，一会儿看井，一会儿看看提出水的颜色。

慢慢地，原来满桶水成了半桶黄泥水，带出来大量淤泥，这就差不多了。常爷在自己的腰上系了一个粗粗的大绳子，绳子的扣儿很是特别。先系在腰上，又把两只腿系上扣，他紧了紧盘在腰上的绳子，一头交给壮丁，一头自己紧紧握着。

老常笑说：“这府里的井挖得真好，又深又直。”又教拉索的壮丁慢慢放绳索，自己慢慢地下了井，一边往下，一边说话，待听不见说话声了，就以拽绳子为号。拽一下，是继续下；拽两下，是摇辘辘提桶；拽三下，就是要上来。

老常咬着支蜡烛，慢慢下了井，有人拿来小水桶和小铲子，用绳子送下去。看到绳子被拉两下的时候，有人开始摇辘轱，一桶，二桶，三桶……淤泥接二连三地提上来。那些从井下淘上来的淤泥和地面上的泥不同，细腻，颜色也比较深，老爷早有吩咐，要用来种荷花。泥从井底提上来，便有人倾倒进那些大缸里，花匠自会处置。

隔一阵，便送上来一只小篮子，里面尽是些从泥里淘摸出来的零碎物件，有首饰、破碗，有拨浪鼓，还有些衣衫，都是不慎掉落的。水桶、水壶捞上来好几个，烂绳子也有几把。最引起轰动的，是居然拉上来一只大猫，已经烂得皮脱毛腐，很是狰狞。连夫人也惊动了，出来远远望了一眼，并不知道是哪里来的野猫。夫人连连念佛，只道幸好淘了井。

蜡烛换了不知多少支，终于绳子被拉了三下，老常被拉了上来，面色青白，浑身汗湿，满身都是泥。他坐在地上歇了几口气，又叫人找了几块大石来，再次下去将井壁掉落石头的地方镶齐整了，这才完工。

老爷今天和朋友去寺里看茶花了，不在家。夫人不好出来，少爷却看了个全程，最后还问老常："你家的妹妹呢，怎不带来玩？"老常只是笑："我们贫苦人家哪有空玩，她跟她娘采菱去了。明天你就吃到了，红菱好吃。"

第二日，管家去了老常家，一来是拿少爷记挂着的红菱，二来去拿些藕尖，老爷要在缸里种荷花呢。看到老常家的小姑娘，正坐在大脚盆前剥菱角，手脚麻利，甜甜地叫"阿伯"。

日子便这样荡悠悠地过去了。一转眼，老常家的摇摇都七八岁了，她自小在船上长大，与张岱一家混得极熟，她的名字是张岱帮她取的，叫"常摇影"，少爷每次见她，都叫"长条形，茶来""长条形，汤里多放点盐"，气得小姑娘直甩辫子。

那年冬天，杭州大雪，七日不停。七日后天放晴，窝在家中的老常一家忽然听到有人拍门，居然是张岱带着七八个朋友，要雪中游湖。好在下再多的雪，西湖也不结冰。老爷们要出船，老常自然没什么可说的。舟中点起四五个火盆，烘得暖烘烘的，天地都是白茫茫的，就是"长条形"辫子上的头绳是红的。

玉大喜為余作敘取火下山拉與同寓宿夜長無不談
之伯玉强余再留一宿
純生氏曰伯玉極精南華曠世才也

湖心亭看雪

崇正五年十二月余住西湖大雪三日湖中人鳥聲俱
絕是日更定矣余拏一小舟擁毳衣爐火獨往湖心亭
看雪霧淞沆碭天與雲與山與水上下一白湖上影子
惟長堤一痕湖心亭一點與余舟一芥舟中人兩三粒
而已到亭上有兩人鋪氊對坐一童子燒酒爐正沸見
余大喜曰湖中焉得更有此人拉余同飲余强飲三大
白而別問其姓氏是金陵人客此及下船舟子喃喃曰
莫說相公癡更有癡似相公者
純生氏曰扁舟破浪來相見出船巍然使人神聳

陳章侯

崇正乙卯八月十三侍南華老人飲湖舫先月蚤歸章
侯悵悵向余曰如此好月擁被卧耶余敕蒼頭攜家釀

张岱《湖心亭看雪》书影

又一年七月半，全杭州城的人都出动游湖看月。老常的船自然是留着给张岱一行的，常娘子带着女儿另摇了一船，带着少爷和他的小朋友们。一来二去，少爷也十七八岁了，是个大人了，有了自己的朋友们，也是时常到湖上来。那天人多得很，摇摇在船上卖了许多包花生，赚了不少零用钱，很开心。

城里的宅院，摇摇也常去，有时候送东西，有时候就是去井边坐坐。少爷成了亲，但是科举总是失利，好在张家也没人在意这个。有湖有井，就有人家，管什么当官不成官呢。

那日老常下湖捉六月黄螃蟹去了，常娘子在家理渔网，摇摇拿把大剪子剪螺蛳屁股，一家人都忙。忽然有个媒婆上门，惊动了湖边一排人家。哎哟，摇摇大了，可以嫁人了！是谁家这么大阵仗，居然派个官媒上门。

常娘子自觉应付不来，赶紧请邻居去喊了老常回来，又把摇摇轰到隔壁人家去待着。再是野，女儿家也不好和媒婆自己当面讨论婚事。

老常满腿是泥地跑回家里，见自家婆娘和一个媒婆对面坐着，大眼瞪小眼，媒婆面前一碗米海茶。老常忙问："提亲的是哪家？"他一路上想破脑袋也想不明白，哪里会有人家如此郑重其事找了官媒来提亲。

媒婆松了一口气，当家主事的终于回来了，赶紧说："是孩儿巷张家……"话没说完，常娘子腾地站了起来："我家女儿不作妾！"老常扎着两只泥手："对，我家女儿不作妾！"媒婆看看这个，又看看那个，堆笑的脸慢慢垮下来："这年岁不好我知道，但竟不知道这年头官媒这么不值钱了么！老身我跑这一趟，值银二钱！你们哪只眼睛看出来要抬个西划船儿家女儿当妾，还能花二钱银子请官媒的？"说得气哼哼，把头一扭。

常娘子被"二钱银子"给惊着了，旁的全没听着，二钱银，够家里花销一月了，就这么给这老太婆拿走了？早知道这媒婆来钱这么快当……老常也听得稀里糊涂："什么意思？不是当妾？是去当正房？"常娘子刚缓过来，又被"正房"二字给吓昏了头："正房……？张家少爷成亲了啊，张少夫人是见惯了的。张夫人也才四十几，身子好得很。这谁家的正房？"

媒婆气笑了："哎哟，我的天爷。你家在想什么呐，张老爷家里的正房？这天还没有塌吧，怎么就做这种梦呢。是张家管事的二小子！张管家在老爷家是个管家，出去了也是个老爷呢，他家有好几间铺子，你家女儿配他家二小子那也是高攀了！"

原来如此，老常夫妇这才松了口气。媒婆见状便等着他们点头，她便好回去复命。谁知过了良久，老常才讷讷道：“我家是平民之身。”媒婆知道这意思，是怕张管家是张家的世奴，再富裕也是家生的奴才。常家再穷，是个清白身，并不给人为奴为婢，只凭着两条破船在湖上讨生活。若果女儿嫁过去，便从平民也成了奴才，以后生儿育女，生生世世都是奴婢。老常不愿意。

媒婆点点头：“你家倒是有骨气。”其实张管家也想到可能会有这一出，特意花银子请了官媒跑这一趟，以示诚意。哪知老常却是个头脑清醒的。媒婆这便回去报了张管家。

老常夫妇在家很是郁闷，自家这些年靠着张家照顾生意，过得很不错，张管家更是隔三岔五便要见一见的。本来结亲家确是高攀了，但是这户籍却是大事。只是以后还怎么相见呢？常娘子还替张管家心疼这二钱银子，这不就等于扔井里了么？不，扔井里，自家男人还能淘摸出来，这是扔西湖心子里了。

那边张管家听了也一时无话，摇摇是自己打小看着长大的，聪明伶俐，手脚麻利，是个过日子的好手，自己十分中意。和二小子也算是年龄相当，两个也自小相熟，很处得来，本是极好的一门亲事。但是这奴籍，却是自己作不得主。

思来想去，第二天便吞吞吐吐和少爷说了。老爷不管庶务，少爷最喜欢打趣“长条形”，日常也好说话。少爷听了便呵呵笑，让张管家“等着”，回头就禀了母亲：“张管家想和淘井的常爷结亲呢，结果被常家嫌弃二小子是个家生奴才。”夫人十分心善：“那大青娘是我看着长大的，人品很端正，这身家清白的平民嫁给奴籍是委屈她了。不如我们把小二子放了籍，也好成全这一对。”

张管家喜得只是叩头谢恩，虽然自己在外头产业也不少了，但是这奴籍却由不得自己，现在二小子能脱了籍，那可是天差地别了。以后摇摇生的孩子，若聪明些肯读书，跟着少爷多磨炼磨炼，说不定还能出个把秀才，见了老父母都不用跪！

媒婆得了讯，又巴巴儿地去常家跑了一趟。听到这信，老常再没有不肯的，嘴咧得合不上。四邻八舍都跑来恭喜：“哎呀，你们嫁进城里了，喝上井水了！”老常谦虚：“那井水便是引的西湖水，我喝过，和湖水味道一样，成色也一样。”邻居都笑话他：“女儿还没嫁过去，你就知道井水和湖水一样了。”常娘子却在心里暗下决心，明天必要自己进趟城里，告诉亲家，不要再花这二钱银子了。我们自做自吃的人家，没这么多讲究，有什么话，自己来说就是。最后找个媒婆上衙门里上个册，几个铜板就够了。这什么媒婆，太贵，眼见四钱银子没了。往后三媒六礼的，二钱一次，几年的开销都贴进去了，太心疼。

张管家在涌金门不远处买了一处小宅子，出了城门不远的湖边就是常家，往城里走不了多久，就能到张宅。张管家和自己的婆娘、大儿子一家仍在张家服侍，这小宅子给小两口单独过日子。摇摇去相看过一次，只提了一个要求，在院子里挖口井，不用出门打水。她在家里出门便是一个大湖，用惯了，实在不习惯每日提水。

成亲的时候，摇摇的面子大得很，张老爷和张少爷都来了，张老爷还亲自给客堂题了块匾，上面写着“疏梅摇影”。老常福至心灵：“老爷，日后有了小囡，还求您带着认个字。”张岱大笑：“看看，连我这摇撸人，都有读书心。”

这便是杭州人的日子，城内有井，城外是湖，井水连着湖水，湖水供着井水。无论是湖里，还是井边，到处都是读书声，氤氲着文化的气息。西湖上有诗文，井水畔有故事，空气里弥漫的，都是水灵灵的书香！这座城，便浸在水里书里诗里，晕染千年，水是活的，学问是活的，日子也是活的。也正因此，杭州的文化离不开水，也才可能一直发展。

涌金门

从此有书读的踏浪儿

“大潮来了！大潮来了！快跑！”住在江岸边窝棚里的人们呼叫着，一窝蜂地往山上跑去，有些边跑还边回头招呼正在江水里劳作的家人：“快点快点！”

只见江里那些健儿提一口气，竟然踏浪而行。他们顺着奔涌的大潮，且浮且游且奔，一路疾点，踏过樟林桁的浮桥，借潮势比潮更快，一气蹿上樟亭。大家站在山上，看着钱塘江大潮席卷，转瞬间将自己那几间窝棚卷走。幸好人已经跑出来了，否则今夜又不免满村哀哭。

来老太心疼自己窝棚里那床新棉被，气得直哆嗦：“今年大旱，怎么也这么大潮水？这江真是恶！”来老太的儿子无奈道，今年杭城居然无雨，据说城里井水打上来都是半桶泥，西湖边上香灰泥都露出来了。前日刺史为民求雨，先是去伍公庙求潮神伍子胥，但是不灵。也不是不灵，只是应得太慢了些。于是来这里的山上改祈皋亭神。皋亭神的“山神”比钱塘之“潮神”早生在天地间生出来，更灵验。更何况刺史先是夸赞皋亭神“聪明正直，洁净慈仁”，然后用了激将法说，如果你降雨了，是“不独人之福，亦为神之光”，如果你不降雨，那就是“不独人之困，亦为神之羞”。这不，山神灵验了，眼看要下雨吧，潮自然大了。

天要下雨，江要涨潮，都是无可奈何之事。众人摇一回头，也就都回去了。明日照样要在潮上讨生活，没有了潮，也就捕不着鱼，潮大也是好事。至于窝棚，本来就是搭了毁，毁了搭的，没什么了不起的。

都说江风险恶，吹出一个个“杭铁头”，江边多是弄潮儿，敢在浪头上讨生活，自然是没有一个好惹的。这世道已经败坏了，刺史虽然尚算爱民，但听说中原大乱，李唐是撑不过这几年了。好在江边人头够铁，生生世世的大敌是潮，活下来的依靠也是潮，谁来当官，却并无关系。

第二天，大家照常下江。三四岁的小娃，路走得稳了，便抱下江去教他们怎么踏浪花，怎么乘潮头，如果潮头大了，就举一面红旗，风生水起。入了水，无论男女老少都沉不下去，轻轻踩水便能在水中自由浮游。

正在忙碌，忽然樟亭驿站来了许多人。过了片刻，驿丞打马往城里方向去了。又有一个驿卒下到江边，很

樟亭驿

客气地表示今天来的人太多，照顾不过来，要雇佣几个江民去帮忙。驿站来雇人，本是常有的事，工价给得也公道，大伙是很愿意去的。驿卒当时就点了几个人上了山。

正在忙碌，看见刺史骑着马急急赶到，看来是贵客到了，前来迎接。众人管自忙碌，刺史和来人互相揖礼，也不知道在说些什么，江民们自然不会在意。突然一声钝呼，众人再看时，却见刺史已经人头落地，血迹溅得满场都是。一时之间，世界静默了，连呼吸声都听不到。猛然间，所有江民一跃而起，光着脚就往山下窜去，瞬间消失在夜色里。他们窜出去好远，身后才响了惊呼声、惨叫声、兵器声、马嘶声，乱作一团。

等到山上消停了，这些穿着靴子的再下山去追，只见江边清月寂寂，水静无波，哪里有人？来人嗤道："这些野人，逃得倒快。"另有人道："无妨，都是些无知无识的疍民，土鸡瓦狗一般，随他们去罢。"先前那人却谨慎，沿着江岸反复巡视，人影自然是一个也无。他又凝目往江上看去，连波都不起，哪里来的人。正想收队回去，忽然有人指着江上："看，那是什么？"

黑暗暗里看不清，倒像是一群奔马在冲锋陷阵，但是江上哪里会有马，这几人只觉荒谬。又细看，仿佛有人推着一道大尺子，直往岸边来。难道是书中所写的鲲？这可是江，不是海啊！几人议论纷纷，指指点点，只想看个究竟。

谁知猛然间，耳边便响起雷鸣般的轰响声，那一痕黑线几乎是瞬间就到了眼面前。有人这才反应过来："这是钱塘潮！"说着掉头便想跑。哪里来得及，钱塘江大潮远远来的时候，便是温吞吞一线，然而到了眼前却似千军万马，被冲卷者万无幸理。眨眼间，这一队人就被

《浙江秋涛图》

江水吞没了，连浪花都没泛起一个，就已经无影无踪了。

大潮退去，江边不知从哪里转出来好些江民。他们一声不吭地把那些尸首都从江水里拖到岸上，把全身的东西都扒了下来，再将赤条条的尸体扔回江里喂鱼。在江民这里，连一件里衣都是珍贵的，好多江民都没有衣服穿，只能裹着芭蕉叶子略加遮挡。熟练地做完全套之后，他们互相看一眼，点点头，默契地重新往山上潜去。

到了驿站，刺史、驿丞、驿卒们尸横遍地，江民们摸上去，将留下来看守的人都用木棒敲开了瓢，照例又是扒东西，扔尸首。他们也不交谈，只是默默地做事，最后将驿站的被子枕席也全都卷起来扛走了。临行前，几个人看了地上的刺史一眼，这是唯一一个还穿着衣服的尸首了。有一个老头叹口气，上前将头与身子拼在一起，几个人就在院子里挖了个坑，将刺史埋了。最后在上面撮了些土，插了块木牌子，算作墓碑。

这次最大的收获是十几匹马，这可是巨额财产，大家小心翼翼地牵着。商量下来，决定让来家的小二和诸家的小三一起，牵到山里和乡民换些粮食。

江民们是没有户籍的，平日里就靠江吃江。拿水面当大路走，拿鱼虾蟹当饭吃，拿芭蕉叶当衣服穿。晚上就睡在床上，有时在岸边建几个窝棚，却是没几天就被江水卷走了。因为没有户籍，因此也不能上岸生活，他们永远无法拥有田地，不能种田，甚至死后不能埋进土里，没有一片土地是属于他们的。

官府可以不让他们上岸生活，却无法阻止他们一代又一代顽强地生存下去。他们与深山里的农民是朋友，双方互相交换东西。钱塘江水是咸的，江民们能晒出一点盐来，再加上打的鱼，在江里摸到的财物，拿到山里换取粮食和布匹。世道乱，山民们自然有办法将东西再淘换出去。这些马身上都有烙印，也只有这些山民才有办法抹去。

第三天，诸家的小三转回来，拉着一车换来的东西。不见了来家的小二，说是和那些山民一起，牵着马投军去了。来家也并没有人说什么，这世上事哪怕再苦再险，也比不过在江上讨生活来得更苦更险。若不是沾那些山民的光，来家小二哪有门路去投军。有出路，这是好事。

几年过去了，来家小二并没有音讯，大家也不觉有什么，毕竟每年江里卷走的人很多，即便待在这里，也未见得平安。

谁知又过了几年，来家小二竟回来了，还成了个将军，带着上千人马。来将军到了江边，喊过爹妈，磕过头，对大家说，乱世已经快平定了，现在这片成了吴越国，管这片的王姓钱，叫钱王就可以。

钱王说了，给江民们入籍，从此可以上岸居住，愿意的话当然也可以下江讨生活。一听这话，江民们一下沸腾了。尤其是潘老头，上前扯住来家小二的袖子："那，我们可以读书了？"说着全身发颤，眼巴巴地看住来小二。来将军的副将差点笑出声来，这些江民，身上的布片连屁股都遮不住，还想读书？想到将军便是这里出身，也是大字不识得一个，只得硬生生忍住。只见自家将军虎目含泪，郑重地点点头："能读书！"江边顿时哭声一片，俱都拜倒在地，拜江神，拜潮神，拜山神，拜钱王。杭州城里最多就是读书人，江民们最大的梦想便是识字读书。

钱王悲悯江民过得艰苦，遂发动二十万民工，用竹笼装石倚叠为塘，筑成六和塔至艮山门的捍海塘，保护了杭州城基，并使城邑向东南继续扩展。江民们一边在山上开荒造屋，一边积极参加造海塘。有了海塘，那潮水就不会再漫上来把好不容易建成的家给毁了。

910 年的农历八月十八，钱江潮最为凶猛的这天，钱王带着五百勇士，巍然屹立于高高的射台之上，面向汹涌的潮水，开弓射箭！来家小二带着江民们，高举红旗，生生地把浪踩了下去。台上对着江水万箭齐发，江上弄潮儿大显身手，锣鼓喧天，喊声遏云。杭州城十万百姓几乎倾城而出，都来助威。这边厢摇旗呐喊，那边厢此

钱王射潮图

起彼伏，江风再恶，岂能胜过勇气汹涌。

从此，一直从艮山门外至笕桥并连接到皋亭山下，有了一条“走马塘”。之后的许多年，走马塘沿线是农桑物贸最发达的地区，整日车水马龙。两旁苍松夹道、花柳繁盛，还有两里多长的商肆店铺，各地客商贩运居积，蚕茧、药材、麻布、山茶、杨梅等，都是走马塘一带出产的岁贡。

当年，走马塘连接起了两个重要的码头——皋亭山的赤岸古埠和钱塘江的浙江古渡，成为杭州连接北方地域的交通要道，从苏州、嘉兴等地传递的紧急邮件和官员商旅，多数都从临平驿路抵皋亭山下的赤岸港，沿杨家桥、沙田畈，经过走马塘进城。继续南下的货物就从江干的浙江渡转运，送到对岸萧山的西兴渡从浙东运河出海；或沿钱塘江逆流而上经清湖古渡和仙霞古道往福建漳州方向出海。当年衣不遮体的江民，早已上岸，后辈子孙中不乏举人进士。

十里走马塘，承载的不仅仅是钱塘的繁华，更是在潮头搏击千年的这个族群之忧患意识、奋斗精神和创造力的交汇和体现，是杭州作为海陆丝绸之路重要交汇点的历史见证。

铁路盘活了河埠头

运河的终点，杭州拱宸桥边，蹲着一个长衫少年。他脸色白净，文质彬彬，长袍边悬着一块翡翠无事牌，足蹬厚底千里鞋，鞋边干干净净。他身后站着两个小厮，一个捧着纸笔，一个拿着大木尺子。另有一个满脸精干的长随侍立于后，虚虚拢着手，目中精光四射，一脸警醒。再往后是两个轿夫，靠在一顶小轿边，百无聊赖。

少爷最近不知怎么了，天天要往拱宸桥边跑，拿着尺子不时量些奇怪的地方，又用纸笔记些不知所云的符号，也不知在琢磨些什么。当下人的自然随少爷的意，在哪侍候不是侍候，少爷肯出来转转也好。

只苦了这位长随，日日提心吊胆，只怕出了岔子。拱宸桥是什么地方，鱼龙混杂，船来车往，那是杭州下里巴人最多的地方，也是地头蛇最猛的地方，更是人流量最大的地方。自家少爷这副模样的，简直就是在头上举了一块牌子：“我是肥猪，快来宰我。”

拱宸桥是古运河的终点，船工号子终日不绝。船到了这里，上货，下货，分装，合装，再折回北边，或者从五条水路运往陆地，或者往钱塘江方向过江。长短货船、接驳船、大大小小的车行、扛包的工人、货栈的老板伙计、商家的掌柜伙计、各帮派的老大小弟……什么人都有。

再看桥边，运河两边，连绵不断的货栈、高大耸立的粮仓、破落低矮的棚屋、门面简陋的店铺，将岸边塞得满满当当。

建于明代的古桥倒是很巍峨，大大的桥洞尽可让船只通行，只是上面卖艺的，卖药的，卖茶的，卖吃的，卖苦力的，卖身的……卖什么的都有。

这地界，什么气味都不缺，就是没有书香味！自家少爷这样温润如玉的谦谦君子，该在湖上泛舟，该在府学读书，该在学士坊饮茶，为何跑拱宸桥来遭罪？长随百思不得其解。

拱宸桥

忽然少爷说话了："曾荣，你看此处这般萧条，真是可惜了。"长随曾荣险些跌个跟头："萧条？少爷，你莫不是对萧条有什么误解？"曾少爷略略带些责备："你们是跟着我家清净惯了，见不得热闹。这运河全盛之际，两岸列兵式的十几座粮仓都是满的。客栈里丝绸堆不下，只得先堆放在露天里，满眼都是紫绿红粉。船工号子昼夜不绝，这拱宸桥上挤得连落脚的地方都没有！

"如今你们看，这粮仓也就富义仓还满着。这么些接驳船一半都空着，那些扛大包的工人，都干等着没有活干。这般萧条，你竟瞧不出来？"

被少爷一说，几个下人也看出来了，来来往往的人是多，但空手也不少。满河都是船，但是的确空荡的也挺多。好像一层纸，一下被戳破了，露出底子里的萧索来。

小厮阿利机灵，赶紧问："少爷，那为何现在不如以前了呢？"曾少爷叹口气："一来这运河淤泥太多，把河道都堵了，船开不动。二来水路太慢，运东西效率不行。三来禁海已久，这河江海的接驳便断了去路。这世上的气运，总是有起有伏。"

阿利没有听明白，但没关系，他真正想问的是这一句："这地方都败了气，那少爷你怎么老是往这里跑呢？"

曾少爷甩辫一乐："说了你也不懂！走，吃茶去！渴了。"曾荣一脸苦恼，吃茶便吃茶，自家带得全套家什，小红泥炉子现场烧了虎跑水泡龙井啊，否则带小厮出来干什么用的。但是少爷说的吃茶，是去拱宸桥底边上那间破茶馆里吃大叶子茶，一碗茶里全是梗子，也不知道他怎么喝得下嘴。

但是少爷说了不能不依，少爷精神抖擞走在前头，一行人懒懒跟在后头。进了茶馆，其实很干净，就是样样东西都老旧不堪，桌子板凳都有些年头了，茶碗也豁着口。招呼的是一个大青娘，一条长辫子上扎着红头绳，一身布褂，干脆利落。看到人来了，赶紧擦桌子招呼："曾少爷来啦，请坐。"看来已经光顾多次了。

在这种环境里，少爷坐在破桌子前，再有几个人立在身后，那就太可笑了。但几人不敢和少爷同桌，全都坐在下首桌上，让少爷独据一桌。少爷很豪气地表示："今天我们都喝高沫！"曾荣在心中暗笑，想是前几次那些个和树枝子一样硬的茶梗把少爷喝怕了。阿利却和另一个小厮阿兴嘀咕："你说少爷能知道高沫是个什么玩艺儿么？"阿兴不动声色："高沫香着呢，等少爷喝到嘴就知道了。"

片刻，几碗高沫上了桌，又端上来几盘茶点，枇杷根、橘红糕、云片糖、豆腐干，倒也凑成四碟。曾少爷拿起盖碗，啜了一口，不动声色放下了。几人在心中已经笑翻了个，高沫就是茶叶碎末，再没有这样喝法的，得彻底泡开了，碎碎沫沫沉下去了，才能喝茶水，少爷这种喝法，那就是一吸一嘴沫渣。少爷趁没人看他，赶紧拿块橘红糕，将一嘴苦涩给顺下去了。

大青娘上来添了水，曾少爷照例拉着她讲闲话："你家这茶馆开了多久啦？""不知道多少代了呢！说是造成了这桥的时候，就有我家茶馆了。""那以后还开下去吗？""开啊！虽说生意不如从前，到底也是个饭碗啊！"

曾荣脸越拉越长，心想今晚回去，得告诉老爷夫人了。少爷见天儿往这儿跑，必是看上了这大青娘，否则这儿可有什么呢。

少爷和大青娘越聊越是投机："你这茶馆日后是要发达的，马上生意就会越来越火爆。有机会把边上那个铺子也吃下来，以免以后伸展不开。"茶馆女笑得很甜："蒙曾少爷吉言了。"

正说着，茶馆女的哥哥进来了。她哥哥本是码头上扛大包的，吃口力气饭，有时候看得准了，也做几回倒手的小买卖。今天的活干完了，回自家茶馆歇气："阿妹，倒碗凉茶来。"妹妹赶紧用大碗倒了凉茶来，哥哥一口气灌下去，拿眼睛斜一斜少爷："说什么呢？"妹妹笑着说："曾少爷说我们茶馆要大发呢，还叫我们把边上铺面也吃下来。"哥哥冷笑一声："大发？发大兴还差不多。这码头上的活是越来越少了，以前要搬到月亮挂半天，现在才中午脚边就没活了。再下去，这码头饭是吃不上了。"曾少爷神秘地笑："两位放心，这码头饭吃不着，有另外的饭碗等着你们。听我的没错。"

曾荣见那膀大腰圆的扛包工人脸色不善，赶紧站起来："少爷，该走了，老爷让你下午跟着他去见客呢。"阿兴同情地看那兄妹一眼，自家少爷没事便来消遣这俩吃苦人，不怪人家着恼。

坐上轿子回了府，曾老爷已经装束停当，见儿子回来，打量一下，看着还能见人，便一起重又出了门。

原来这一趟是因着汤公号召为修铁路募捐。曾家世代书香门第，是杭州城里有名的士绅，自不能落了下风。不但捐了款，更是对杭城铁路修建发表了诸多意见。

自从光绪二年（1876）英国人修建了中国最早的一

条铁路——上海吴淞铁路后，1897 年，英国又向清政府提出要修建沪宁及苏杭甬铁路。1898 年 10 月，英国怡和洋行与清政府签订了《苏杭甬铁路草约》。中国的路权，为什么要交给外国人！江浙两省的各界人士愤愤不平，拒绝承认合同。

曾家几代都住在杭州，清楚以国人的实力，完全可以自修铁路。曾老爷子年事已高，遂派儿子四处奔走，要和省内绅商一起将英国人赶出局。曾少爷虽年纪不大，却一向对铁路这些新奇洋务倍感兴趣。曾老爷一向注重栽培儿子，有大事都带着他，以求潜移默化，不要当个素餐的君子。

1905 年 7 月，江浙两省绅商及民众要求废约，英国人不同意。两省绅商遂分别组成商办公司筹集资金来修筑铁路。清政府为民情所迫，同意收回自办。浙江省率先成立了商办浙江铁路有限公司，并推选汤寿潜为公司总理，着手筹办浙江的铁路建造事宜。

时年五十岁的汤寿潜就这样被推到了风口浪尖上，他顶住来自清政府和列强的重重压力，通过动员“工商各界、缩衣节食、勉尽公义”来公开募股。这一天下午，曾家父子便是去参加汤公的筹款活动，帮忙奔走。

好在各地从绅商到普通百姓认购极为踊跃，至 1906 年 5 月，浙江铁路有限公司共筹集了四百多万银元的资金。

关于铁路的线路，大家已经讨论了很久，曾公子有幸全程参与，颇知底细。他知道，为了和杭州原有的货运线路联动起来，拱宸桥便是铁路的起点。眼看筹款有了眉目，开工有望，曾公子按捺不住，连日跑到拱宸桥边勘察方位。

初建时的沪杭甬铁路杭州城站（20世纪初）

火车一响，黄金万两。运河萧条下去，可是铁路兴旺起来了呀！

浙江铁路公司最初的设想是和江苏共建苏沪杭甬之间的铁路，但因资金有限，最后决定先在杭州市区内建造一条连接钱塘江与大运河的铁路。为此，浙江铁路公司邀请了曾参加过关内外和芦汉两路建设的中国工程师负责勘测、设计和施工。初测后，专家提出两个备选方案：一条绕西湖而行，越万松岭抵闸口；一条循杭州东侧城墙而行。第一方案路经的古墓较多，迁坟当时乃为不孝之举，且有破坏西湖风景名胜之虑，所以上奏清政府后，清政府下示永远不准在此筑路。遂采用绕城郭而行的第二方案，由江干的闸口起，经南星桥、清泰门、艮山门，到湖墅的拱宸桥而止。

那日，曾公子又出现在了拱宸桥边的茶馆里，指着外面忙忙碌碌测绘地表、搬动材料的技师和工人，笑哈哈问大青娘："是不是又要兴旺了？"因为有曾公子的预先提醒，哥哥及早活动，此时已经在铁路上谋到了差事，正在外头学着干活。大青娘很是兴奋："公子果然是读书人，秀才不出门，便知天下事。何况公子还出门呢，什么事都知道了吧。"隔壁点心铺子关张已久，这就把店面盘过来。

曾荣站在茶馆外头有些发愣，原以为公子是来看大青娘的，哪知却是来看铁家伙的。这铁路到底是个什么路，为何让公子喜欢成这般模样？

光绪三十二年（1906）十一月十四日，一大早，寒风凛冽的。杭州冬天的风可不好受，阴冷湿潮，吹过来带着转儿地往人袄子里钻。尤其是出了城门，风打着卷儿地来，吹得人七荤八素。

这就这么个天儿，不光曾少爷出城，连曾老爷都出城。老太爷也想去，被一家人好说歹说按在了家里，太爷还一脸不悦，赌气说什么："等你们都走了，我也去。"老爷怕老爷子动真格的，吓得把家里的轿子和顶个事的随从全带走了。

一大家子浩浩荡荡地出了凤山门。今天奇了！全杭州的人都往凤山门外走。曾荣在轿边上小跑着，一边吸着鼻子，一边和几个随从纳闷："今儿是什么日子？太阳也不见一丝，大家都往城外跑什么？"

不一刻到了凤山门外的罗木营。这个地方平常最多的是巡抚衙门的兵丁，谁没事去兵营干嘛。但今天不知怎么了，除了一排排站得齐刷刷的兵，边上还里三层外三层地围着老百姓，一个个东张西望，像是正在等待着什么。

曾家地位不同，轿子到了，自然有人清出地方来给他们。曾家老爷、少爷都待在轿子里，吩咐："一会儿人来了喊我。"曾荣忙问："谁来了？"老爷回答得妙："来了你自然知道。"

果然，怀表指向九点钟左右，人群开始攒动起来。"来了，来了……"来了一顶轿子，后面还跟着仪仗队，举着一列旗子，风大，那旗子唰唰地响。这轿子和轿夫熟啊，这不是汤老爷的轿嘛。果然，来了自然知道。曾荣赶紧回报："汤老爷到了！"曾老爷听了，这才下轿，携了儿子往前走。

那些轿子停了，轿帘一掀，出来一个身着布衣短褂、足蹬蒲鞋的"土佬儿"，看上去像是"十足的庄稼人"，他就是汤寿潜——浙江铁路公司总理、四品京卿两淮盐运使。只见他二话不说，搓搓手，带头举起一把铁锹掘了一抔土，宣告：江墅铁路开工了。

话音刚落，只听得哗啦啦掌声雷动。围观的老百姓哪能不激动呢！这不仅仅是杭州，也是浙江的第一条铁路。更重要的是，这条铁路是一条大长中国人志气的铁路，而且铁路的筹建资金里也有老百姓的股份。

汤寿潜将铁锹递给身边的人："这是我们自己的铁路，都来动个土。"大家一人一锹，曾少爷尤其起劲，单拿了一把铁锹，生生自己挖出一溜土沟。

这天，江墅铁路正式开工，全线设拱宸、艮山、清泰（城站）、南星及闸口 5 个站点，全长 16.135 公里。铁路沿线有桥梁 11 座、涵洞 17 座，铁路的钢轨为 34 公斤 / 米，全部建筑经费为 168.6 万银元。

江墅铁路在万众期待中破土动工，铁轨由汉阳铁工厂制造，其他机车等设备从英、日两国购得。因东线所经之地皆平原垦地，所以工程进展很快，不到一年时间就全线竣工了。

光绪三十三年（1907）八月二十三日这天，火车试通车。这天可比开工那天更热闹，杭儿风一刮，全城百姓都跑到拱宸桥看热闹。桥上挤满了人，哪里还站得下，只听扑通扑通，不断有从桥上被挤下河。好在天气热，大家笑骂一通，更是热闹。

曾少爷早早在茶馆里留了黄金位置，此时正侍候着爷爷吃云片糕呢。这一次，老太爷说什么也不肯留在家里，动了真怒，差点挥拐杖打自己快五十的儿子。索性，全家都出动了，连夫人都出来了，否则一群大男人，怎么能侍候得好这位老太爷。

夫人早早派了利落的老妈子来看了座，连茶叶、茶碗、点心，全是自己准备的。看那凳子腿都是瘸的，还派曾荣来换了新板凳，否则把老太爷摔着了怎么办。大青娘这时只庆幸自己听了少爷的话，把隔壁盘下来了，否则可是白白看着铜板们从自己眼前长腿跑掉。

还有不少有身份的人家没能留到位的，只得早早派了家人来临时搭棚子。大家互相打着招呼，上前摸着锃亮的车厢兴奋得不得了。曾荣却悄悄儿跑到夫人边上，躬身告状："小的说的，就是这个茶馆的大青娘，跑堂烧水招呼都是她一个人。哥哥在铁路上做事，喏，就是外面戴帽子，穿制服这个。"夫人看看自家儿子，傻儿子正一脸兴奋，向爷爷详细讲解为何火车不会开到河里。再看看大青娘，辫子甩得飞起，眼里只有铜钱。"罢了，瞎说什么呢。"夫人给曾荣一个白眼。

眼看红帽子们跑进跑出，把人都从铁轨边拦开：“要开了要开了！快走远点，轧死不论！”

“呜——”火车汽笛声一鸣，吓得旁边看热闹的人群撒腿就跑，胆大的跑几步就停下来回头看看，说是安慰边上的人，其实是安慰自己：“放心放心，它只会在轨道上开，跑不出来的。”

曾老太爷也一震，赶紧稳住端着茶碗的手，君子处变不惊，何况一火车鸣耳。再看曾少爷，早就跑出茶馆，在红帽子的带领下，在离火车不远不近处占了个好位子，看得既明白又安全。

只见这个庞大的铁家伙，轮子慢慢转起来，咔嚓咔嚓，像老牛拉车一样。接着轮子越转越快，火车吭哧吭哧地喘着气，一会儿就跑出了众人的视线。“真快！真快！这能拉多少东西啊！铁家伙真厉害！”众人只剩下赞叹。

初次通车，汤寿潜便在车上，他还邀请了一众绅商，当初大家出钱出力，现在自然也该首先尝尝火车的滋味，因此曾老爷也在火车上。虽是试乘，但大家都做旅行装束，一律布衣短褂、足蹬蒲鞋，头上笠帽，手边油纸伞。因坐不下，所有人都不带长随，只自己拿着随身物品。

火车开了一个多钟头，到了闸口站，虽然比坐马车快不了多少，但比起坐轿，那就不知道要快到哪里去了。一路上风光无限，众人坐不过瘾，火车便又开了回去。大家称奇，原来火车两头都可行驶，不用拨马掉头，真是方便。

曾少爷未能坐上首趟火车，心痒难熬，在铁轨边走来走去。好不容易等自家老爹回转了，赶紧拉到茶馆里，大家都凝神屏气，听曾老爷讲坐火车的感受。

闸口站（原是江墅铁路南段的起点站）

再说，除了运客，火车还有个大作用，就是运货。有五列火车每天在租界和闸口之间奔驰，除了运送来往于城市之间的旅客外，还运送大量前往上海或来自上海的货物。一直以来，湖墅、拱宸桥、江干一带都依靠运河的优势，保持着相对独立的经济体系，其间，与杭州城内虽有诸多往来，然而不利的交通使得这种往来带有极大的局限，江墅铁路的开通却改变了这种现状。

从此，铁路联上了河埠头，杭州又踏上了新的城市路途。

如果说，运河水为杭州带来了许多“通”，西湖水为杭州添上十分“雅”，井水为杭州加上无数“情”，钱塘江水为杭州增上几多“勇”，那么铁路给杭州带来的，便是“变”。勇猛精进、与时俱变、风流儒雅、务实通达，这些气质，都深深地刻进了杭州的城市基因里。

丛书编辑部

艾晓静　包可汗　安蓉泉　李方存　杨海燕

肖华燕　吴云倩　何晓原　余潇朦　张美虎

陈　波　陈炯磊　尚佐文　周小忠　胡征宇

姜青青　钱登科　郭泰鸿　陶文杰　潘韶京

（按姓氏笔画排序）

特别鸣谢

魏皓奔　杨作民　丁云川　徐海荣（系列专家组）

魏皓奔　赵一新　孙玉卿（综合专家组）

夏　烈　王连生（文艺评论家审读组）

图片作者

于广明　叶志凤　仲向平　刘浩源　陈　炜

武　超　周兔英　胡　鉴　梅育源　韩　盛

董旭明　程　方　蔺富仙

（按姓氏笔画排序）